Deutsch im Alpha-Kurs

Anja Böttinger

Schritte plus

Alpha
kompakt

Kursbuch

Ausgabe für Jugendliche

HUEBER Verlag

Beratung:
PD Dr. habil. Marion Grein, Johannes Gutenberg-Universität Mainz,
Modulverantwortliche für Deutsch als Zweitsprache/Alphabetisierung

Für ihre hilfreichen Hinweise danken wir:
Michaela Bartel, Lehrerin und Autorin für Unterrichtsmaterialien, Markt Indersdorf
Gisela Böllert, Volkshochschule Duisburg, Fachbereichsleitung Alphabetisierung/DaZ
Marisa Fritzenwallner, Goethe-Institut Thailand, Alpha-Kursleiterin
Klara Menzel-Schmeer, Volkshochschule Moers, Alpha-Kursleiterin
Renate Schiefer, Münchner Volkshochschule, Alpha-Kursleiterin und -fortbildnerin
Dr. Ulrich Steuten, Volkshochschule Moers, Fachbereichsleitung Alphabetisierung;
    Vorstandsmitglied des Bundesverbands Alphabetisierung und Grundbildung e.V.

Lehrerhandbuch (kostenfrei verfügbar unter www.hueber.de/schritte-plus-alpha-kompakt)
Anja Böttinger

Piktogramme:

Lest.	Schreibt.	Partnerarbeit
Hört.	Kreuzt an.	Zwischentest im Lehrwerkservice
Sprecht.	Sucht.	

3. 2. 1.   Die letzten Ziffern
2021 20 19 18 17   bezeichnen Zahl und Jahr des Druckes.
Alle Drucke dieser Auflage können, da unverändert, nebeneinander benutzt werden.
1. Auflage
© 2017 Hueber Verlag GmbH & Co. KG, München, Deutschland
Umschlaggestaltung: Sieveking · Agentur für Kommunikation, München
Zeichnungen: Gisela Specht, Weßling
Redaktion: Andrea Heckert, Karin Ritter und Lena Bengel, alle Hueber Verlag, München
Layout und Satz: Sieveking · Agentur für Kommunikation, München
Druck und Bindung: Kessler Druck + Medien GmbH & Co. KG, Bobingen
Printed in Germany
ISBN 978-3-19-031452-2

Art. 530_24321_001_01

Vorwort

Liebe Leserinnen, liebe Leser,

Schritte plus Alpha kompakt – Ausgabe für Jugendliche ist ein Lehrwerk, das Alphabetisierung und Vermittlung von Deutschkenntnissen miteinander vereint.

Es ist für junge Lernende in Alphabetisierungskursen an Schulen im In- und Ausland konzipiert und richtet sich vor allem an Zweitschriftlernende, aber auch an primäre und funktionale Analphabeten.

Das Lehrwerk entspricht dem *Konzept für einen bundesweiten Alphabetisierungskurs des Bundesamts für Migration und Flüchtlinge.*

Neben der Förderung der schriftsprachlichen und kommunikativen Kompetenz ist ein weiteres Ziel, Lernfortschritte sichtbar zu machen, das Selbstbewusstsein der Lernenden zu stärken und so Voraussetzungen für zunehmend selbstständiges Lernen zu schaffen. Die Lernenden werden außerdem auf das Arbeiten mit Deutsch-als-Zweitsprache-Lehrwerken, insbesondere mit *Schritte plus neu*, vorbereitet.

Zum Kursbuch gibt es

– eine kostenlose APP mit den Hörtexten.
– 2 Audio-CDs (ISBN 978–3–19–041452–9) mit allen Hörtexten zum Buch.
– Lehrerhandreichungen (kostenfreier Download im Lehrwerkservice).
– einen Lehrwerkservice mit ergänzenden Materialien wie z. B. den Kopiervorlagen für die Bildkarten unter: www.hueber.de/ schritte-plus-alpha-kompakt.

Aufbau

In einer Einstiegslektion werden die grundlegende Unterrichtssprache und erster Wortschatz anhand von zahlreichen Visualisierungen eingeführt. Die danach folgenden sechzehn Lektionen bestehen jeweils aus einer kommunikativen Einstiegsseite, gefolgt von Alphabetisierungs- und Sprachseiten.

Einstiegsseite: Die Einstiegsillustration bietet einen thematischen Sprechanlass, sodass das Vorwissen der Lernenden aktiviert werden kann. Der Info-Kasten enthält die „Neuen Wörter", die mithilfe der Abbildung semantisiert werden sollten. Sie stellen die schriftsprachliche Zielsetzung der Lektion dar. Die „Redemittel" fassen das kommunikative Lernziel (= letzte Lektionsseite) zusammen.

Alphabetisierungsseiten: Das Lehrwerk führt das gesamte Alphabet, die Umlaute und wichtige Buchstabengruppen ein. Je drei Anlautbilder helfen dabei, eine Verknüpfung zwischen Wort, Laut und Buchstabe herzustellen.

Es folgen Schreib- und Differenzierungsübungen zu den eingeführten Buchstaben. Die neuen Buchstaben/Laute werden sehr schnell zu Silben und zu einfachen Wörtern synthetisiert. Die Alphabetisierungsseiten bieten außerdem vielfältige Übungen – zum Abschreiben, zum bewussten Schreiben in Verbindung mit Hörübungen, außerdem Ergänzungsübungen und (Bild-)Diktate, aber auch Aufgaben zum freien Schreiben wie zum Beispiel Assoziogramme.

Sprachseite: Hier werden die Redemittel der Lektion präsentiert und im Anschluss durch kommunikative Übungen gesichert und automatisiert. Die induktive Vorgehensweise ersetzt explizite Grammatikerklärungen.

Viel Erfolg und viel Spaß
wünschen Ihnen
Autorin und Verlag

Tipp: Weitere Informationen, Zwischentests und kostenfreie Lehrerhandreichungen finden Sie unter www.hueber.de/schritte-plus-alpha-kompakt.

Inhalt

1 | Was seht ihr? Sprecht.

2 | Wie heißt du? / Wie heißen Sie? Schreibt.
Die Lehrerin / Der Lehrer hilft.

3 | Hört und sprecht nach. CD 1/1

 Lest.

 Sprecht.

 Hört.

 Schreibt.

 Sucht.

 Ergänzt.

 Zeichnet.

 Kreuzt an.

 Ordnet zu.

 Zeigt.

 Fragt und antwortet.

4a | Ordnet zu.

- Hört.
- Lest.
- Sucht.
- Sprecht.
- Schreibt.
- Kreuzt an.

4b | Hört und zeigt in Aufgabe 3. CD 1/2

5a | Hört und sprecht nach. 🎧 💬 CD 1/3

5b | Hört und zeigt in Aufgabe 5a. 🎧 CD 1/4

5c | Wie heißt das auf Deutsch? Sprecht. 💬

Wie heißt das auf Deutsch?

Stift.

Wie heißt das auf Deutsch?

Buch.

6 | Ohne Worte. Ratet mit. 💬

Schreibt.

Zeichnet.

Nein.

Ja.

7 | Schreibt mit verschiedenen Stiften auf ein Blatt Papier.

8 a | Schreibt.

III

– – –

/ / /

\ \ \

c c c

ↄ ↄ ↄ

o o o

8 b | Schreibt auf der Linie.

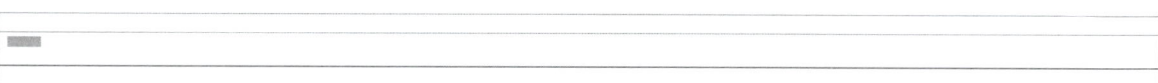

9 | Handgymnastik. Macht mit.

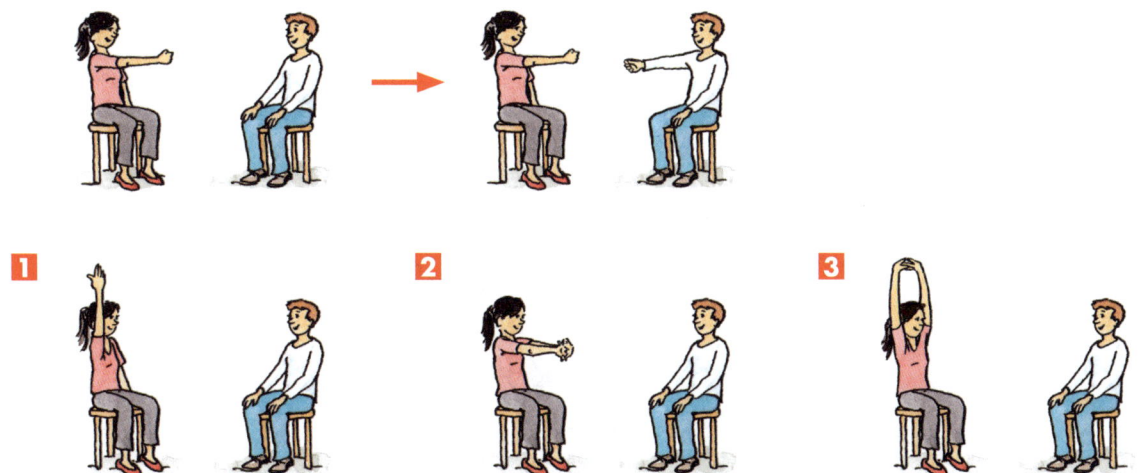

10 | Zeichnet nach.

11 | Was ist im Unterricht wichtig? Sprecht und kreuzt an.

1 | Woher kommen die Schülerinnen und Schüler? Sprecht.

Wie heißt du?

Woher kommst du?

Das kann ich am Ende der Lektion sagen:

• Guten Tag. / Hallo.	• Wie heißt du? / Wie heißen Sie? – Ich heiße …	• Woher kommst du? / Woher kommen Sie? – Ich komme aus …

A a   **A** B C D E F G H I J K L M N O P Q R S T U V W X Y Z

   A...

   A...

   A...

CD 1/5

2 | Hört und zeigt auf die Bilder.  CD 1/5

3 | Schreibt.

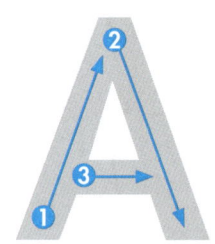

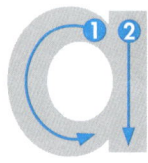

4 | Schreibt.

A A A

a a a

A a A a

Schon fertig? Sucht A a.

I Ⓐ – C / a O / \ A C Ɔ – a

\ O a C / A I Ɔ – a O – \ A

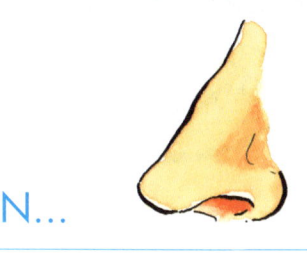
N...

N...

N...

CD 1/6

5 | Schreibt.

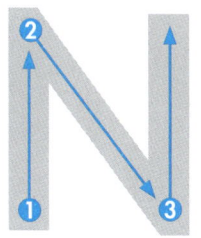
N N N   N N N
N N N   N N N

n n n n   n n n n
n n n n   n n n n

6 | Schreibt.

N N N N

n n n

N n N n

A N A N

a n a n

Schon fertig? Sucht N n. 🔍

I C Ⓝ / O – n \ N I O n / / n C O I N n – O \ N I O I

E e **A** B C D **E** F G H I J K L M **N** O P Q R S T U V W X Y Z

E...

E...

E...

CD 1/7

7 | Schreibt.

E E E   E E E E   E E E E
         E E E E   E E E E

e e e   e e e e   e e e e
         e e e e   e e e e

8 | Schreibt.

E

e

E e

E A N

e a n

9 | Sucht E e.

E A N a e A n e E a n   N E a n e N A e n A E

10 | Ordnet zu und schreibt.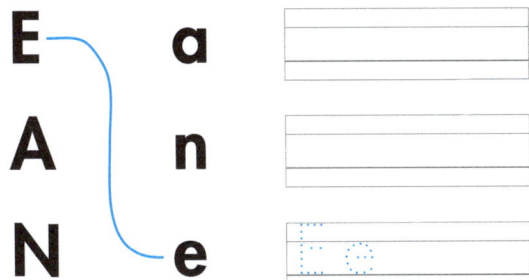

E —— a

A —— n

N —— e   *Ee*

n   A

e   N

a   E

11 | Lest. 📖

A N E A E N   e a e n a n a

N a E n A e N   n a E N e A e

12 | Lest. 📖

N A   NA

N E   NE

A N   AN

n a   na

n e   ne

a n   an

13 | Lest. 📖

NA   NE   Na   Ne

ne   na   na   ne

Ne   en   ne   En

na   an   na   an

En   An   en   an

Na   An   Ne   En

Schon fertig? Lest. 📖

ne ne   nene

en na   enna

an an   anan

Schon fertig? Sucht Aa, Nn und Ee. 🔍

Mein Name ist Anna.

Ich komme aus Russland.

14 | Was ist gleich? Sucht. 🔍

(Na) An (Na)　　　An En An　　　na ne ne

Ne Ne Na　　　An En En　　　en en an

15 | Schreibt. ✏️

N a　Na

N e　Ne

A n　An

E n　En

16 | Lest und schreibt. 📖 ✏️

Ne͡na　　Nena　　Nena

An͡ne　　Anne

Na͡na　　Nana

An͡na　　Anna

Schon fertig? ✏️
Mit welchem Buchstaben beginnt das Wort?

E　　　　　　　　　　A

17 | Schreibt Silben. Lest die Silben der Anderen laut.

18a | Sucht A a, N n, E e  in den Namen.

18b | Sucht A a, N n, E e in den Namen eurer Klasse.

19 | Mit welchem Buchstaben beginnt das Wort? Hört und schreibt. CD 1/8

1 A **2** ___ **3** ___ **4** ___ **5** ___ **6** ___

1 | Woher kommst du?

A B C D **E** F G H I J K L M **N** O P Q R S T U V W X Y Z

20 a | Wie heißen die Schülerinnen? Hört und schreibt. 👂 ✏️ CD 1/9–10

N _____

A _____

20 b | Woher kommen die Schülerinnen? 👂 💬 CD 1/11–12
Hört und sprecht.

20 c | Hört und sprecht nach. 👂 💬 CD 1/13–14

21 | Klassenspaziergang. Fragt und antwortet. 💬

Hallo.
Wie heißt du?

Guten Tag.
Wie heißen Sie?

Ich heiße …

Woher
kommst du?

Woher
kommen Sie?

Ich komme
aus …

1 | Was sagen die Schülerin und der Schüler? Sprecht.

Neue Wörter: Mama, Papa, Oma, Opa, Tante

Das kann ich am Ende der Lektion sagen:
• Wer ist das?
– Das ist meine Familie.
– Das ist meine Mutter / Schwester. Sie heißt ...
– Das ist mein Vater / Bruder. Er heißt ...

M m **A** B C D **E** F G H I J K L **M N** O P Q R S T U V W X Y Z

CD 1/15

M...    M...    M...

2 | Schreibt. 🖉

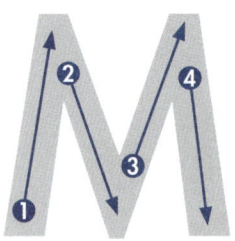 

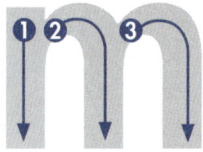 

3 | Schreibt. 🖉

M M M M

m m m m

M m   M m

M E   M E

m e   m e

4 | Sucht M m. 🔍

A e M E N m n a e M   M e A m N M a n M e m

P...

P...

P...

CD 1/16

5 | Schreibt.

P P P P P P P P P P
P P P P P P P P P P
             P P P P

p p p p p p p p p p
p p p p p p p p p p
             p p p p

6 | Schreibt.

P P P

p p p

P p P p

P M P M

p m p m

7 | Sucht P p. 🔍

Ⓟ a m p e E P P M e p   N A p n E m A P a n p

 T...

 T...

 T...

CD 1/17

8 | Schreibt. ✎

9 | Schreibt. ✎

10 | Sucht T t. 🔍

P e ⓣ t M A n T p m t

a n N T p t E M p T a

Schon fertig? ✎
Mit welchem Buchstaben beginnt das Wort?

M ___ ___ ___ ___

O…

O…

O…

CD 1/18

11 | Schreibt.

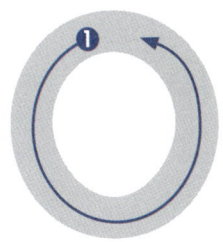  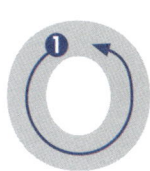 

12 | Schreibt.

O ◌ ◌

O ◌ ◌

O o ◌ ◌

13 | Sucht O o.

◎ P o a t n e o m O N

T p o M n a o E O t p

P _ _ _ _ _ _

14a | Lest.

m a	ma	ma ma	mama
p a	pa	pa pa	papa
p e	pe	pe pe	pepe
t o	to	to to	toto

14b | Lest.

N o	No	t e	te	No te	Note		
N a	Na	m e	me	Na me	Name		
N e	Ne	n a	na	Ne na	Nena		
O t	Ot	t o	to	Ot to	Otto		
E m	Em	m a	ma	Em ma	Emma		

15 | Lest.

am Ma Ta te   at Ta ot to
Po to Ot no   Me Ne pa ta
na Pa te et   Am ma am to

Schon fertig? Lest.

Map pe	Mappe	Mat te	Matte
Pap pe	Pappe	To ma te	Tomate

A B C D **E** F G H I J K **L M N O P** Q R **S T** U V W X Y Z

16 | Lest und ergänzt. 📖 ✏️

Mama   __ ama   Opa   __ pa

Papa   __ apa   Tante   __ ante

Oma   __ ma

17 | Schreibt. ✏️

Mama   Mama

Papa   Papa

Oma   Oma

Opa   Opa

Tante   Tante

Schon fertig? Schreibt. ✏️

Mappe

Matte

Pappe

Tomate

A B C D **E** F **G** H I J K L **M** **N** **O** **P** Q R S **T** U V W X Y Z

18 a | Wer ist das?
Hört und schreibt die Namen.   CD 1/19–22

 **1** *Anne*

 **2** _____

 **3** _____

 **4** _____

18 b | Spielt das Gespräch.

Wer ist das?

Das ist …

19 | Sprecht über die Familie von Mona.

die Schwester: Neta

der Vater: Nanee

der Bruder: Tom

die Mutter: Emma

Mona

Wer ist das?

Das ist der
Bruder / die Schwester.
Er/Sie heißt …

1 | Was seht ihr? Sprecht.

Neue Wörter: Sofa, Besen, Foto, Lampe, Tafel, Buch

....

Das kann ich am Ende der Lektion sagen:
• Was ist das?
− Das ist ein Sofa / Besen / Foto.
− Das ist eine Lampe / Tafel.

S s A B C D E F G H I J K L M N O P Q R S T U V W X Y Z

 S...

 S...

 S...

CD 1/23

2 | Schreibt.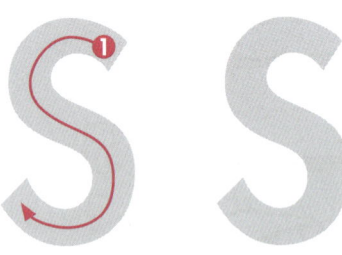

S S S S S S S S S S
S S S S S S S S S S

s s s s s s s s s s
s s s s s s s s s s

3 | Schreibt.

S S S

s s s

S s S s

4 | Sucht S s. 🔍

m n s a S E e p s T M   O S t o s N A s n S a

5 | Lest. 📖

Sa Se So As Es Os   se es sa as so os

B…

B…

B…

CD 1/24

6 | Schreibt.

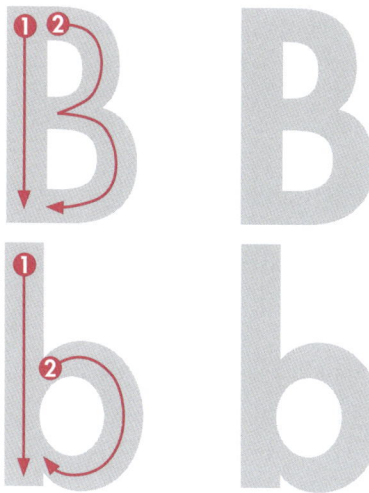

B B B
B B B

B B B B B
B B B B B
B B B B B

b b b
b b b

b b b b b
b b b b b
b b b b b

7 | Schreibt.

B B B   b b b

B b B b

Besen Besen

8 | Sucht B b. 🔍

P ⒝ s b n a b B S t b   A N b p a b e s B E m

9 | Lest. 📖

Ba Be Bo Ab Eb Ob   be eb ba ab bo ob

F f **A B** C D **E F** G H I J K L **M N O P** Q R **S T** U V W X Y Z

F…

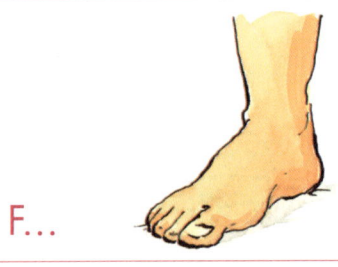

F…

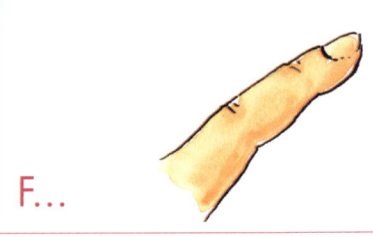

F…

CD 1/25

10 | Schreibt.

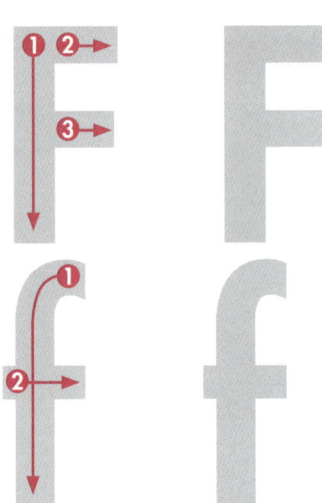

F F F F
F F F F
F F F F

F F F F
F F F F
F F F F

f f f f
f f f f
f f f f

f f f f
f f f f
f f f f

11 | Schreibt.

F   f

F f

Foto

12 | Sucht F f.

Ⓕ B E f t E F P m e f   n f o A F t f b E b f

13 | Lest.

Fa Fe Fo Af Ef Of   fe ef fa af fo of

L...    L...    L...

CD 1/26

14 | Schreibt. ✏️

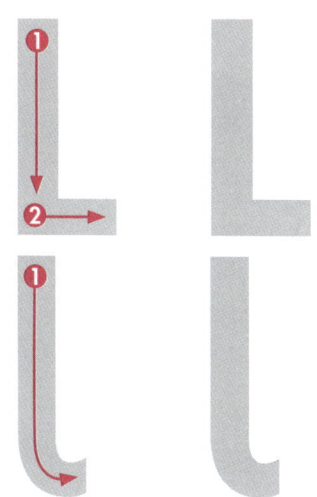

L L L L   L L L L L L
L L L L   L L L L L L
          L L L L L L
l l l l   l l l l l l
l l l l   l l l l l l
          l l l l l l

15 | Schreibt. ✏️

L l.. l l............

Ll l l....................

Lampe Lampe....................

16 | Sucht L l. 🔍

T Ⓛ l f t l L F E L t   b l f b l t e f l P L

17 | Lest. 📖

La Le Lo Al El Ol   le el la al lo ol

18 | Welches Wort beginnt mit S / M / P? ☒ CD 1/27–29
Hört und kreuzt an.

S  ☐  ☒  ☐

M  ☐  ☐  ☐

P  ☐  ☐  ☐

19 | Lest und schreibt.

So fa   Sofa

Fo to   Foto

Lam pe   Lampe

Ta fel   Tafel

20 | Lest.

Ma	Mann	Ta	Tafel	Ma	Mama
Be	Bett	Fo	Foto	So	Sofa
Pa	Papa	La	Lampe	O	Oma

21 | Bilderdiktat. Schreibt.

 Oma

 M

 T

22a | Lest und zeichnet.

Son ne   Sonne   ☀

Bett

Es sen   Essen

Am pel   Ampel

Sa lat   Salat

Ta fel   Tafel

Ba na ne   Banane

Map pe   Mappe

To ma te   Tomate

Na me   Name

An an as   Ananas

Te le fon   Telefon

En te   Ente

Na se   Nase

22b | Welche Wörter wollt ihr lernen? Schreibt sie auf.

_____   _____   _____   _____

23 | Was ist im Klassenzimmer? 🦻 ✏️ CD 1/30–33
Hört und schreibt.

1.  Lampe _____

2. _____

3. _____

4. _____

24 | Fragespiel. Zeichnet die Dinge auf
Bildkarten und fragt in der Klasse: Was ist das? ✏️ 💬

Lampe	Foto	Banane	
Besen	Sofa	Tafel	

Was ist das?

Das ist ein/e ...

Schon fertig? 🔍
Was ist richtig? Sucht.

(Sofa) Sofo (Sofa)

Lanpe Lampe Lampe

Foto Foto Fota

Besan Besen Besen

Schon fertig? ✏️
Beschriftet eure Zeichnungen
oder die Bildkarten.

1 | Welche Zahlen seht ihr? Sprecht.

Zahlen 0–10: 0, 1, 2, 3, 4, 5, 6, 7, 8, 9, 10

Das kann ich am Ende der Lektion sagen:
- Wie ist deine/Ihre Telefonnummer?
– Meine Telefonnummer ist …

- Wie viele sind es?
- Wie viele … hast du / haben Sie?
– Ich habe …

Zahlen 0–10

0 1 2 3 4 5 6 7 8 9 10

2 | Sprecht und schreibt.

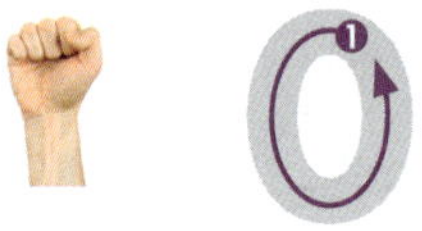
0

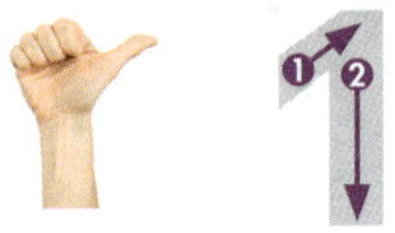
1

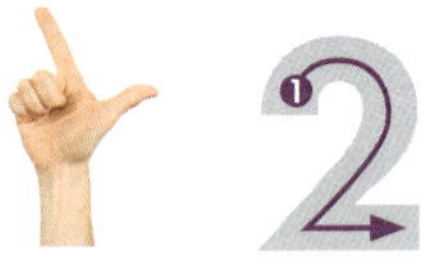
2

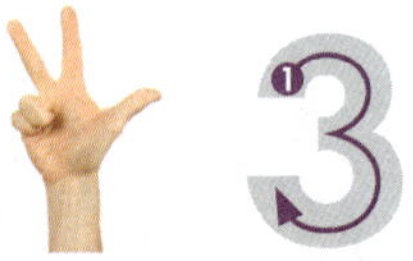
3

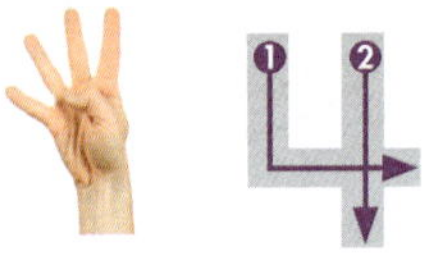
4

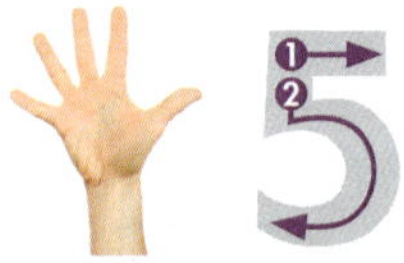
5

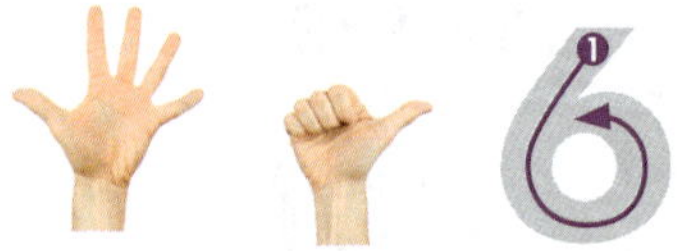
6

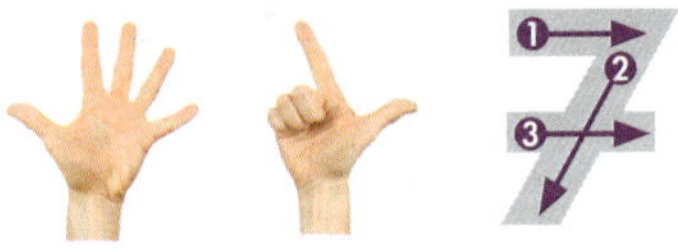
7

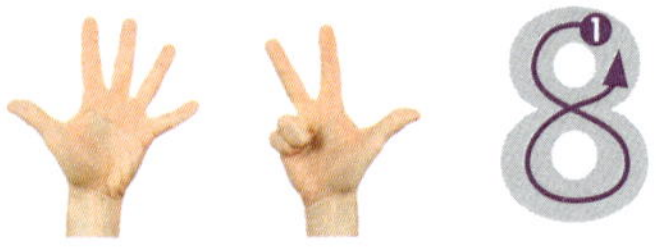
8

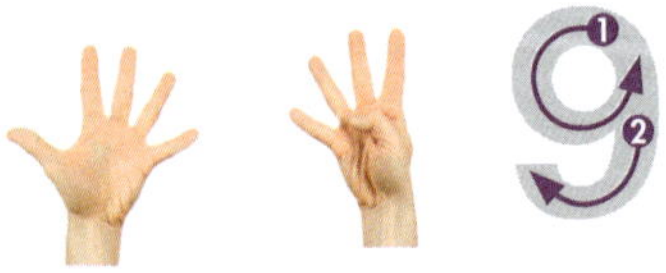
9

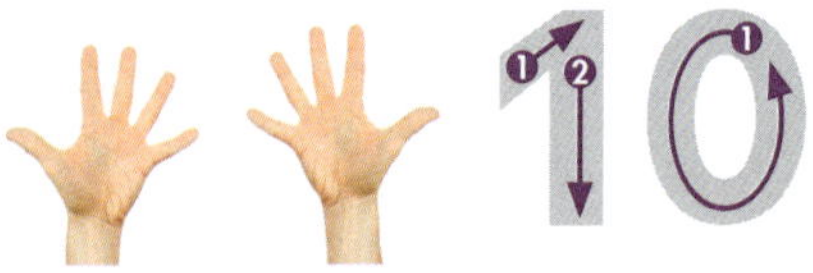
10

3 | Schreibt die Zahlen noch einmal. ✏️

0 1 2 ...

4a | Was passt? Ordnet zu. ✏️

1 2 3 ~~4~~ 5 6 7 8 9 10

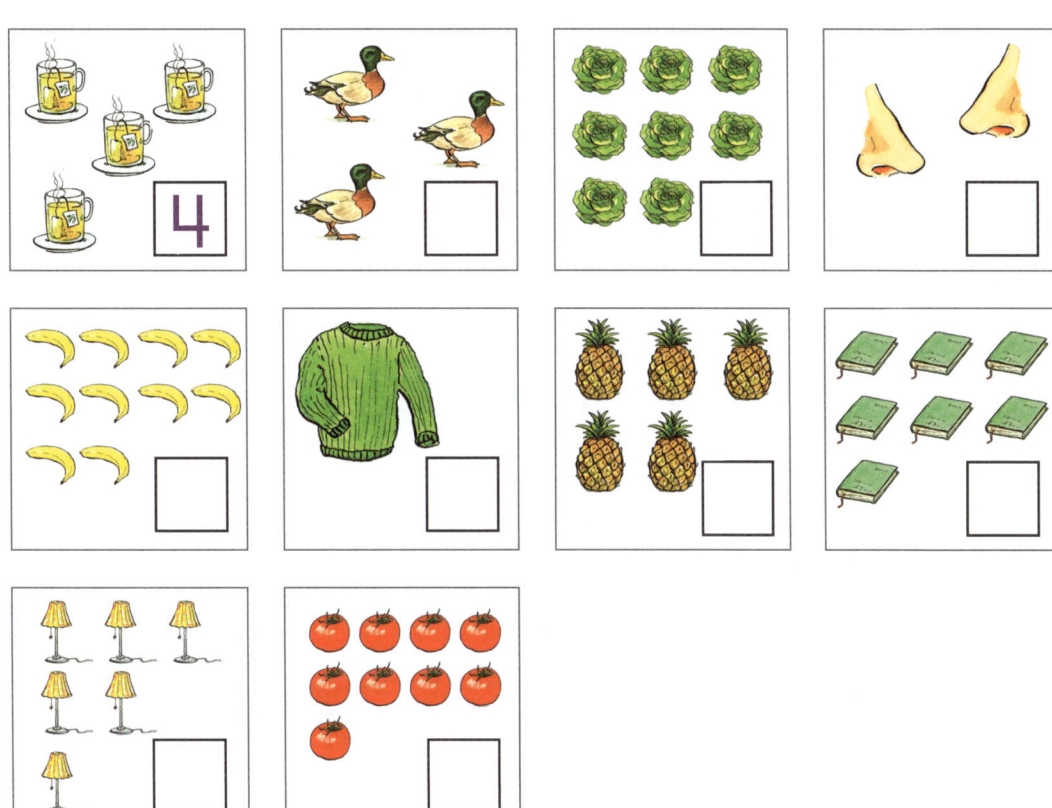

4b | Was ist auf den Bildern? Schreibt. ✏️

Tee Ente

5 | Partnerdiktat

Lest.

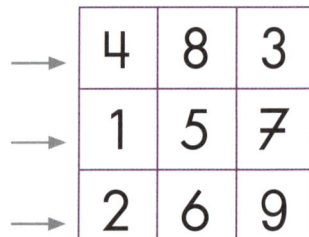

Schreibt.

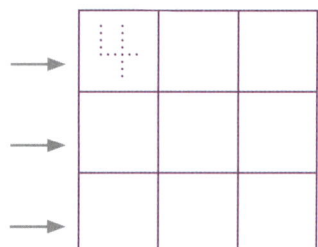

Schreibt.

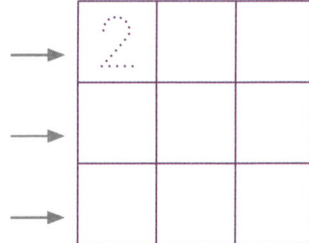

Lest.

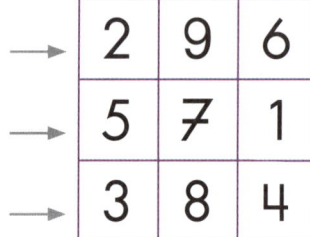

falten

6 | Was passt nicht? Streicht durch.

1 1 2 3 4 5 ̶3̶ 6 7 8 ̶6̶

3 2 3 5 4 5 6 8 7 8 9

2 10 9 8 2 7 6 4 5 3

4 4 5 7 6 7 8 5 9 8 10

Schon fertig?
Zeichnet Punkte.

7a | Rechnet und schreibt.

5 + 2 = 7   4 – 2 = 2

••• + ••• =   ••• – ••• =
+ =   – =

•• + • =   ••••• – •• =
+ =   – =

•• + •• =   ••••• – ••• =
+ =   – =

7b | Rechnet und schreibt.

8 + 2 =   7 – 5 =   3 + 4 =

5 + 3 =   6 + 4 =   8 – 5 =

1 + 6 =   6 – 4 =   8 + 1 =

2 – 1 =   9 – 7 =   10 – 1 =

Schon fertig? ✏ 👥
Schreibt Rechenaufgaben und
tauscht mit einer Mitschülerin /
einem Mitschüler.

7 + 3 =

8 a | Telefonliste. Lest.

Anton	7 30 16 63
Ellen	8 43 22 11
Fatma	4 25 81 17
Lena	9 24 28 07
Leon	6 39 45 79

Malala	2 91 23 41
Manaf	4 47 97 97
Onno	8 78 62 26
Salem	2 55 49 24
Sana	9 22 00 08

8 b | Fragt und antwortet.

> Wie ist die Telefonnummer von Sana?

> Die Telefonnummer ist 9 22 …

8 c | Wie ist die Telefonnummer von …? Schreibt.

Lena 924 2807

Anton _____

Ellen _____

Leon _____

9 | Welche Telefonnummer ist richtig?  CD 1/34–36
Hört und kreuzt an.

1
☒ 8 65 97 76
☐ 8 65 97 77

2
☐ 2 34 45 56
☐ 2 43 45 56

3
☐ 4 23 14 18
☐ 4 23 41 18

10 | Was fehlt? Schreibt.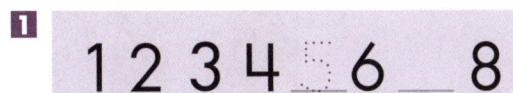

1 1 2 3 4 5 6 __ 8

3 __ 4 5 __ 7 8 __ 10

2 10 9 8 __ 6 5 __ 3

4 __ 7 __ 5 __ 3 __ 1

11 | Zahlenbingo

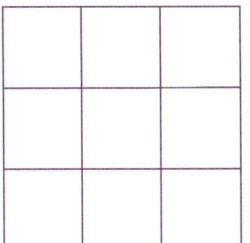 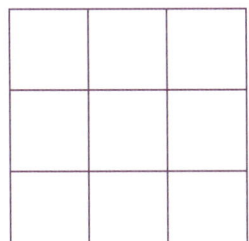 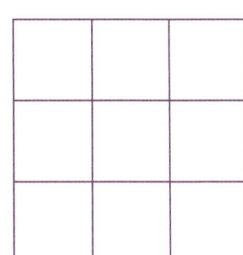 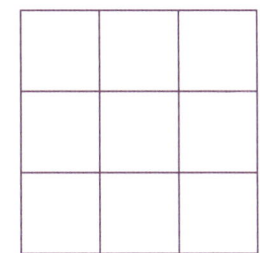

12 | Wie viele sind es?
Zählt die Buchstaben und schreibt.

Aa		Nn	
Ee		Ss	
Mm		Ll	
Pp		Oo	
Ff		Tt	

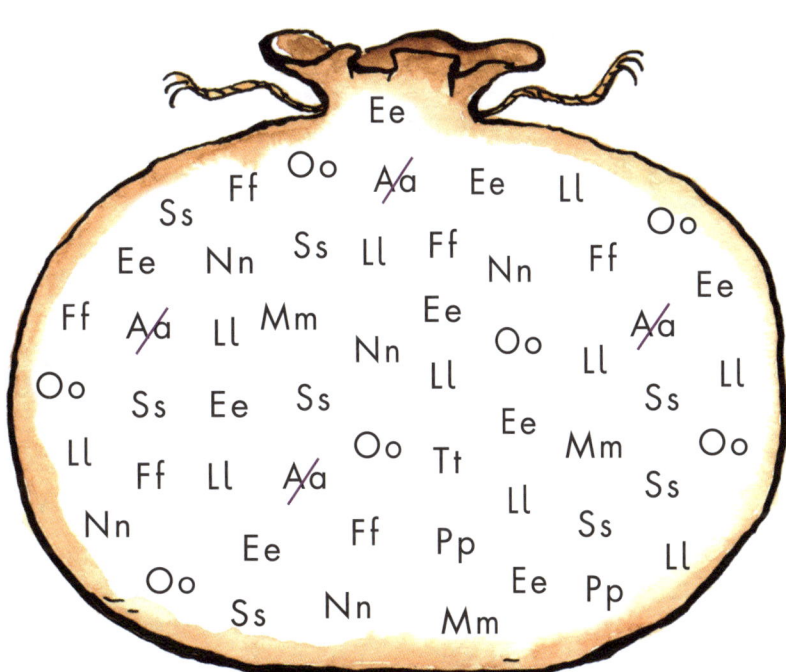

0 1 2 3 4 5 6 7 8 9 10

13 a | Telefonnummern.
Fragt und antwortet.

> Wie ist deine
> Telefonnummer?

> Meine
> Telefonnummer ist …

13 b | Klassenspaziergang. Fragt fünf Schüler
nach Namen und Telefonnummer und schreibt.

Name	Telefon

13 c | Macht eine alphabetische Telefonliste von eurer Klasse.

14 a | Wie viele … hat die Schülerin?  CD 1/37–40
Hört und schreibt.

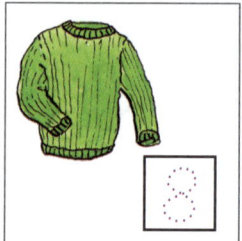   

14 b | Wie viele …? Fragt und antwortet.

> Wie viele … hast du?

> Wie viele … haben Sie?

> Ich habe zwei Lampen.

1 | Was seht ihr? Sprecht.

Neue Wörter: Info, Hotel, Post, Bahnhof, Bus, U-Bahn, S-Bahn

Das kann ich am Ende der Lektion sagen:

• Wie kommst du / kommen Sie zur Schule?

– Ich fahre mit dem Bus / mit dem Auto / mit dem Rad / mit der U-Bahn / mit der S-Bahn.
Ich gehe zu Fuß.

• Entschuldigung. Wo ist …?

– Die Info / Die Post / Das Hotel / Der Bahnhof ist da / dort.

I i **A** B **C** D **E F** G H **I** J K **L M N** O **P** Q R **S T** U V **W** X Y Z

 I...

 I...

 I...

CD 1/41

2 | Schreibt.

   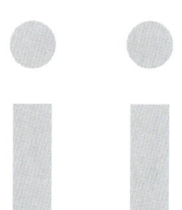

3 | Schreibt.

I   i

Ii

Info

4 | Sucht I i.

Ⓘ L E **i** f F L A t **i** l   n **i** l **i** e m L E T f **i**

5 | Lest.

Ni Si Bi Mi ti fi in im   Info Bio Imbiss mit ist

D... D... D...

CD 1/42

6 | Schreibt. 🖊

D D D D D D D D D
          D D D D D D D

d d d d d d d d
   d d d d d d d

7 | Schreibt. 🖊

D   d d

D d D d

Dose Dose

8 | Sucht D d. 🔍

B Ⓓ P D d b p d O D o   d s t d D P L d b d p

9 | Lest. 📖

Di Do De da id od ed ad   Dose dann das da

H...

H...

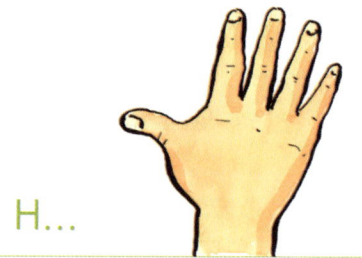
H...

CD 1/43

10 | Schreibt. ✏

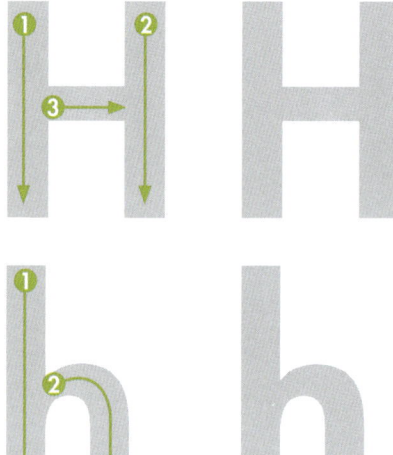

H H H
H H H

H H H
H H H
H H H

h h h
h h h

h h h
h h h
h h h

11 | Schreibt. ✏

H   h

H h   Hh

Hotel   Hotel

12 | Sucht H h. 🔍

ⓗ b d h l t h p h f h   F H A H h b H T N H M

13 | Lest. 📖

Ha He Hi Ho ho hi ha he   Hand Hose Heft Hund Hotel

U…

U…

U…

Leo Weber

CD 1/44

14 | Schreibt. 🖊

15 | Schreibt. 🖊

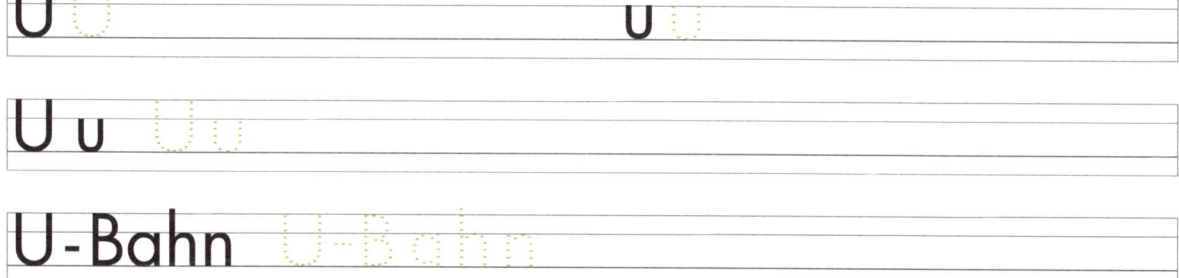

U

U u

U-Bahn

16 | Sucht U u. 🔍

ⓤ n m u n h u o a u i   O H U u n U S E u e b

17 | Lest. 📖

Lu Hu Nu Bu um un du fu   Bus Mund Pullover Nudel null

18 | Welches Wort beginnt mit T / H / U?  CD 1/45–47
Hört und kreuzt an.

19 | Lest und schreibt.

In fo Info

Ho tel Hotel

Post Post

Bahn hof Bahnhof

Bus Bus

U-Bahn U-Bahn

S-Bahn S-Bahn

20 | Faltet und lest.

falten

Schreibt dann.

Bus

Hotel

Info

Post

B _ s   _ u _

H o t e l   _ o _ e _

I _ f _   _ n _ o

P _ s _   _ o _ t

21 | Lest.

Pa	Papa	Na	Nase	Po	Post
Hu	Hund	Ho	Hotel	Bu	Bus
Am	Ampel	Ma	Mama	En	Ente
La	Land	Ha	Hand	Mu	Mund
In	Info	Ig	Igel	Mo	Mond

22 | Bilderdiktat. Schreibt.

 Info _____

 _____

 _____

 _____

 _____

 _____

 _____

 _____

A B C D E F G H I J K L M N O P Q R S T U V W X Y Z

23 a | Wie kommen die Personen zur Schule? 🦻 ✏️ CD 1/48–51
Hört und ordnet zu.

23 b | Zieht eine Karte und sprecht. 💬 👥

Wie kommst du zur Schule?

Wie kommen Sie zur Schule?

Ich fahre mit dem Bus.

24 a | Was suchen die Personen? 🦻 ✏️ CD 1/52–55
Hört und schreibt.

1 Bahnhof _____   3 _____

2 _____   4 _____

24 b | Spielt die Gespräche. 💬 👥

Wo ist die Post?

Die Post ist da.

1 | Was seht ihr? Sprecht. 💬

Neue Wörter: Wetter, Wind, Regen, Sonne, gut, warm

Das kann ich am Ende der Lektion sagen:
- Wie geht es dir / Ihnen?
– Danke, super / sehr gut / gut. Es geht.

- Wie ist das Wetter?
– Das Wetter ist gut / schlecht. Es ist windig / sonnig. Es regnet. Es ist warm.

W w A B C D E F **G H** I J K **L** M **N** O **P** Q R **S T** U V **W** X Y Z

W...

W...

W...

CD 1/56

2 | Schreibt. ✏️

W W   W W W   W W
      W W W   W W

W W   W W W   W W
      W W W   W W

3 | Schreibt. ✏️

W   W   w w

W w   W w

Wind   Wind

4 | Sucht W w. 🔍

M N Ⓦ u w m w W H U   t d m w n w w u W M W

5 | Lest. 📖

Wo Wa Wi We wa wo wi wu   Wand Wind Welt wie was

R...

R...

R...

CD 1/57

6 | Schreibt. ✏️

R R **R R R R** R R R
R R R R R R R
R R R R

r r r r r r r
r r r r r r r

7 | Schreibt. ✏️

R R   r

R r Rr

Radio Radio

8 | Sucht R r. 🔍

B P Ⓡ d R D F R P R S   s r n r t r u m r f r

9 | Lest. 📖

Ra Ri Ru Ro Re re ra ru   Rad Radio Rose rot rund

G g A B C **D** E **F G H I** J K **L** M **N** O **P** Q **R S T U** V **W** X Y Z

G...

G...

G...

CD 1/58

10 | Schreibt. ✏️

11 | Schreibt. ✏️

G G G   g g g

G g G g

Geld Geld

12 | Sucht G g. 🔍

a ⓖ a d g b G O o g a   G P e g s G U O G g a

13 | Lest. 📖

Ga Ge Gi Go Gu ge ga go   Geld Gabel Glas gut gelb

14a | Was fehlt? Ergänzt.

 B anane

 ___ ose

 ___ otel

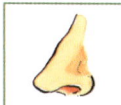 ___ ase

 ___ ampe

 ___ ullover

 ___ gel

 ___ -Bahn

 ___ ost

 ___ onne

14b | Was fehlt? Ergänzt.

 Bet ___

 Hun ___

 Tomat ___

 Imbis ___

 Anana ___

 Inf ___

 Hef ___

 Ampe ___

 Telefo ___

 Bu ___

15 | Lest und schreibt. 📖 ✏️

Wie geht es dir?

😃 super

🙂 sehr gut

🙂 gut

😐 es geht

16 | Lest und schreibt. 📖 ✏️

Wet ter   Wetter

Wind   Wind

Re gen   Regen

Son ne   Sonne

17 | Lest. 📖

So	Sonne	Wi	Wind	wa	wann
Re	Regen	We	Welt	Ge	Geld
gu	gut	wa	warm	su	super
Po	Post	We	Wetter	Am	Ampel
ru	rund	Ra	Radio	ro	rot

18 | Lest und schreibt.

Wie ist das Wetter?

Das Wetter ist gut.

Es ist warm.

Es ist windig.

Es ist sonnig.

Es regnet.

19 | Lest und zeichnet.

Was‿ser   Wasser   Wind

Ga‿bel   Gabel   Tag

Ro‿se   Rose   Rad

20 | Lest.

Die Post ist da.

Die Info ist dort.

Der Bahnhof ist da.

Das Hotel ist dort.

Schon fertig?
Schreibt weitere Sätze.

Das Sofa …

Die Lampe …

21 a | Wie geht es den Personen?  CD 1/59–62
Hört und ordnet zu.

1   ☺

2   ☺

3   ☺

4   ☺

21 b | Zieht eine Karte und sprecht.

Wie geht es dir?

Wie geht es Ihnen?

Danke, gut.

22 a | Wie ist das Wetter?  CD 1/63–65
Hört und ordnet zu.

1   Wind

2   Regen

3   Sonne

22 b | Sprecht.

Das Wetter ist gut. Es ist sonnig.

1 | Was essen die Personen gern?
Was trinken sie gern? Sprecht. 💬

Neue Wörter: Zitrone, Salz, Ei, Eis, Milch, Kuchen, Kakao, Tee

Das kann ich am Ende der Lektion sagen:
- Was isst du / essen Sie gern?
– Ich esse gern …

- Was trinkst du / trinken Sie gern?
– Ich trinke gern …

Z z A B C D E F G H I J K L M N O P Q R S T U V W X Y **Z**

CD 1/66

Z...

Z...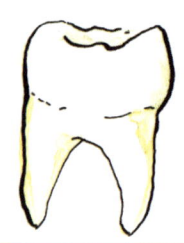

Z...

2 | Schreibt.

Z Z Z   Z Z Z Z   Z Z Z
                       Z Z Z
          Z Z Z Z   Z Z Z

Z Z   Z Z Z Z   z z z
                      z z z
         Z Z Z Z   z z z

3 | Schreibt.

Z   Z Z   z z z

Z z   z z

Zug   Zug

4 | Sucht Z z. 🔍

L Ⓩ T F Z z n s z R Z   z n z z r a Z N H Z u

5 | Lest. 📖

Za Zo Zi Zu Ze zu zi za   Zug Zoo Zahn Zimmer Zitrone

K…

K…

K…

CD 1/67

6 | Schreibt. ✏️

K K K   K K K
K K K   K K K

k k k   k k k
k k k   k k k

7 | Schreibt. ✏️

K k   k k k

K k   K k

Kakao   Kakao

8 | Sucht K k. 🔍

H R Ⓚ R K K F k h t K   h l k K R R K t k f k

9 | Lest. 📖

Ka Ke Ki Ko Ku ki ko ke   Kakao Kind Kino kalt

Ei A B C D E F G H I J K L M N O P Q R S T U V W X Y Z

CD 1/68

Ei   Ei...   Ei...

10 | Schreibt. ✏️

11 | Schreibt. ✏️

Ei   ei

Ei ei

Eis

12 | Sucht Ei ei. 🔍

ei ie ai ei ui Ei Ri si ei oi   Ki ie ei Ei Fi le ai oi ei Ei

13 | Lest. 📖

Ei Eis ein eine eins   zwei drei nein fein Teil

…ch

…ch…

…ch

CD 1/69

14 | Schreibt. ✏️

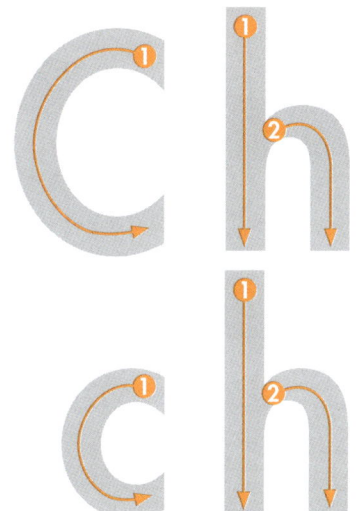

Ch Ch   Ch Ch
Ch Ch   Ch Ch
Ch Ch   Ch Ch

ch ch   ch ch
ch ch   ch ch
ch ch   ch ch

15 | Schreibt. ✏️

Ch   Ch   ch   ch

Ch   ch   Ch ch

Dach   Dach

16 | Sucht Ch ch. 🔍

Hc (Ch) ch sh oh ch ah eh   Oh Ch Uh ch ah uh ch hc

17 | Lest. 📖

ich dich nicht Milch Licht   ach Dach Buch Kuchen

A B C **D** E **F** G **H** I J **K** L **M** N **O** P Q **R** S **T** U V **W** X Y **Z**

18 a | Was fehlt? Hört und ergänzt. 👂 ✏️ CD 1/70–73

1 W __ nd   W __ nd   **3** __ and   __ and

2 H __ se   H __ se   **4** w __ r   w __ r

18 b | Hört noch einmal und sprecht nach. 👂 💬 CD 1/74

19 | Lest und schreibt. 📖 ✏️

Salz   Ei

Eis   Tee

Milch

Ku͡chen Kuchen

Zi͡tro͡ne Zitrone

Ka͡kao Kakao

20 | Lest. 📖

Ka	Kakao	Ki	Kino	Ku	Kuchen
Zo	Zoo	Zu	Zug	Za	Zahn
Ma	Mappe	Mu	Mund	Mi	Milch
Te	Tee	Ta	Tafel	Zi	Zitrone

A B C **D** E **F** G **H** I J **K** L M N O P Q **R S** T U V **W** X Y **Z**

21 | Lest und zeichnet.

Tel ̑ ler   Teller      Glas

Tas ̑ se   Tasse   alt

Ga ̑ bel   Gabel   Zug

22 | Was fehlt? Ergänzt.

Z itr o ne   Ku _____ en

An __ n __ s   __ a __ at

To __ a __ e   __ il _____

23 | Lest und schreibt ins Heft.

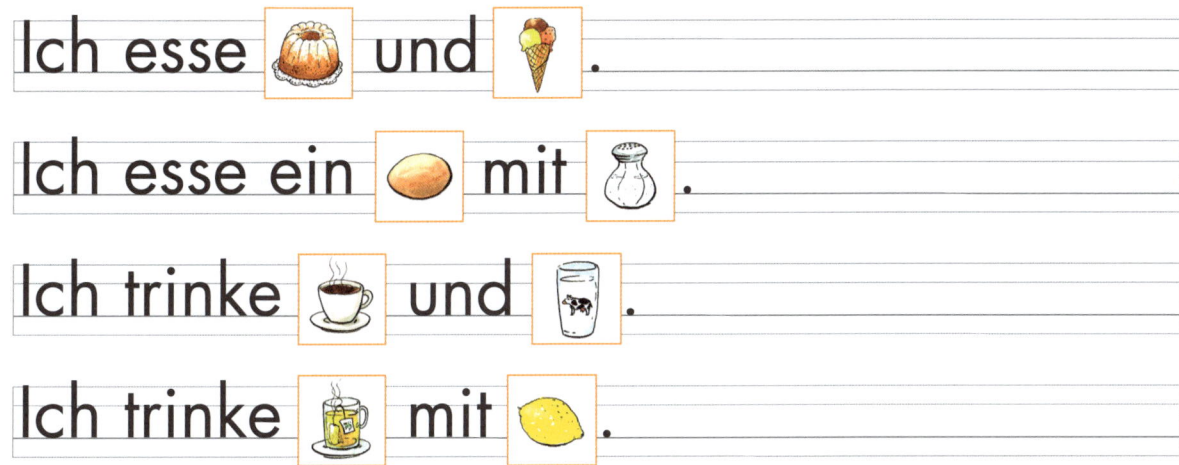

24 | Lest.

Ich esse gern Nudeln.
Ich esse gern Salat mit Tomate.
Ich esse gern Ananas und Banane.
Ich trinke gern Wasser mit Zitrone.

25 a | Was essen und trinken
die Personen gern? Hört und schreibt. CD 1/75–78

1 E i s _____

2 _____

3 _____

4 _____

25 b | Was esst und trinkt ihr gern? Sammelt.

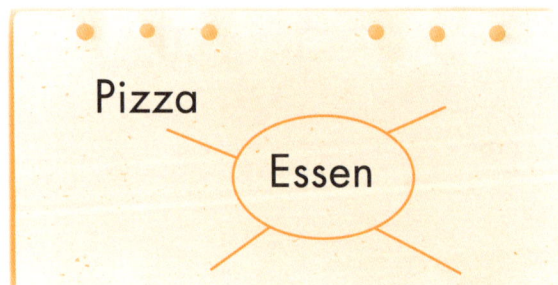

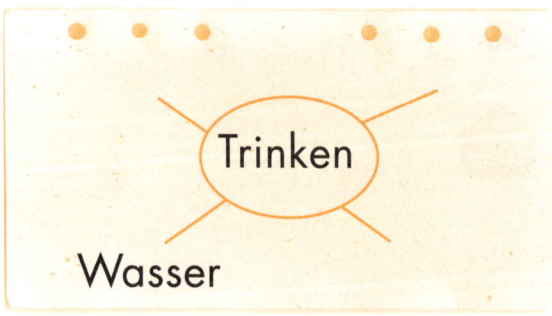

25 c | Sprecht mit einer Mitschülerin / einem Mitschüler.

Was isst du gern?

Was essen Sie gern?

Ich esse gern Eis.

1 | Was seht ihr? Sprecht. 💬

Neue Wörter: Brötchen, Käse, Müsli, Quark

Das kann ich am Ende der Lektion sagen:
• Was möchtest du / möchten Sie?
– Ich möchte gern …

Ö ö   A B C D E F G H I J K L M N O P Q R S T U V W X Y Z

Ö...

...ö...

...ö...

CD 1/79

2 | Schreibt.

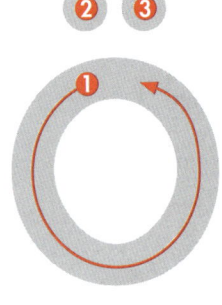

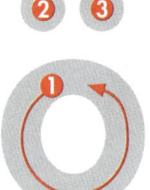

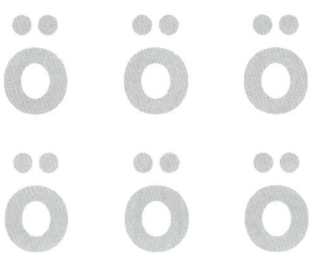

3 | Schreibt.

Ö   Ö

Ö ö   Ö ö

Öl   öl

4 | Sucht Ö ö.

O Ö o o ö a ö c o o ö Ö C   G O Ö e ö a d ö u ö Ö

5 | Lest.

Lö Sö Fö Hö Kö Mö bö tö   Öl Öffner Brötchen Löffel Föhn

A B C **D E F G H I** J **K L M** N **O** P Q **R S T U** V **W** X Y **Z** | **Ä ä**

Ä...

...ä...

...ä...

CD 1/80

6 | Schreibt. ✏️

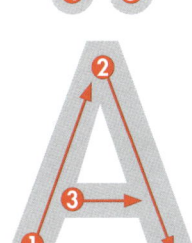

Ä Ä Ä Ä Ä Ä Ä
Ä Ä Ä Ä Ä Ä Ä

ä ä ä ä ä ä
ä ä ä ä ä ä

7 | Schreibt. ✏️

Ä Ä   ä ä

Ä ä Ä ä

Äpfel Äpfel

8 | Sucht Ä ä. 🔍

Ⓐ Ö a ö ä e ä o A Ä Ö   K Ä C Ä a ä ö c ä A Ä

9 | Lest. 📖

Kä Mä Nä Fä sä rä tä   Äpfel Käse Mädchen

Ü ü A B C D E F G H I J K L M N O P Q R S T U V W X Y Z

…ü…

…ü…

Ü…

CD 1/81

10 | Schreibt.

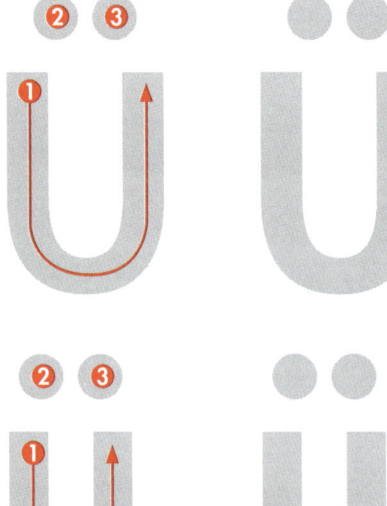

11 | Schreibt.

Ü Ü   ü ü

Ü ü   Ü ü

Müsli   Müsli

12 | Sucht Ü ü.

o u ü ä ö ü Ü U Ö Ä Ü O   S U Ü Ä Ö Ü U a i ü ö u

13 | Lest.

Mü Kü Fü Lü Sü bü gü rü   Übung Müsli Gemüse Küche

In der Pause | 8

A B c **C** **D** **E** **F** **G** **H** **I** J **K** **L** **M** N **O** P Q **R** **S** **T** U V **W** X Y **Z**   **Qu**

Qu…

Qu…

Qu…

CD 1/82

14 | Schreibt.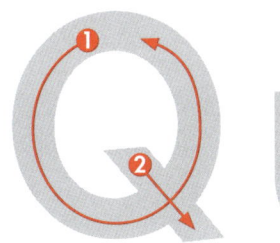

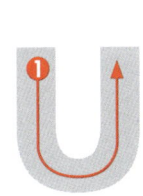

Qu Qu   Qu Qu
Qu   Qu Qu
qu   Qu Qu
qu   qu qu
qu   qu qu
       qu qu

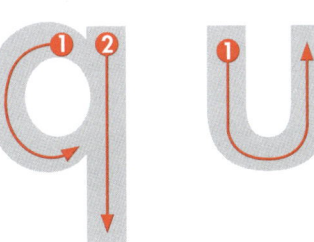

15 | Schreibt. ✏

Qu ⟨Qu⟩   qu ⟨qu⟩

Qu qu ⟨Qu qu⟩

Quark ⟨Quark⟩

16 | Sucht Qu qu. 🔍

(qu) au ou qu Qu Ou Uu Qu pu qu pu fu qu du bu qu

17 | Lest. 📖

Qualle Quark Quadrat   Quiz Qualität bequem

18 | Lest und schreibt. 📖 ✏️

Bröt chen Brötchen

Kä se Käse

Müs li Müsli

Quark Quark

19 | Lest und schreibt ins Heft. 📖 ✏️

Der Tee ist fein.

Die Milch ist gut.

Das Brötchen ist alt.

Der Käse ist gelb.

Das Ei ist warm.

Der Quark ist kalt.

Das Müsli ist toll.

Die Pizza ist warm.

20 | Bilderdiktat. Schreibt.

 Wasser _____

 _____

 _____

 _____

 _____

 _____

 _____

 _____

21 | Lest und markiert alle ä, ö, ü.

Unser Angebot

Frühstück und Mittagessen

Brötchen mit Käse	1,50 Euro
Brötchen mit Ei	1,50 Euro
Müsli	2,00 Euro
Salat mit Tomate	1,50 Euro
Kuchen	1,00 Euro
Nudeln mit Gemüse	2,50 Euro

Getränke

Früchte-Tee	1,00 Euro
Wasser	0,50 Euro
Kakao	1,50 Euro
Milch	1,00 Euro

> Ich habe Hunger.
> Ich möchte ein Brötchen
> essen. Kommst du mit
> in die Mensa?

A B C **D E F G H I** J **K L M N** O P **Q R S T U** V **W** X Y **Z**

22 | Was möchten die Personen? Hört und schreibt. 👂 ✏️ CD 1/83–86

1 Müsli _____ .

2 _____ .

3 _____ .

4 _____ .

23 | Was gibt es in der Schule zu essen?
Schreibt drei Sachen auf den Zettel. ✏️

Pizza
Brötchen mit Ei
Müsli mit Quark

_____

_____

_____

24 | Klassenspaziergang. Fragt und antwortet. 💬

Was möchtest du?

Was möchten Sie?

Ich möchte eine Pizza.

Schon fertig? ✏️
Schreibt weitere Sätze.

Ich möchte ...

1 | Was seht ihr? Sprecht. 💬

Neue Wörter:
Stift, Heft, Buch, Schere, Kleber, Lineal, Radiergummi, Schultasche, Tisch, Stuhl

Das kann ich am Ende der Lektion sagen:
• Was brauchst du / brauchen Sie?
– Ich brauche eine Schere / einen Stift / …

Sch A B C D E F G H I J K L M N O P Q R S T U V W X Y Z

Sch…

Sch…

Sch…

CD 2/1

2 | Schreibt.

Sch   Sch

sch   sch

Sch sch   Sch sch

Schule   Schule

3 | Lest und schreibt. 📖 ✏️

Schere Schuh Schultasche

Tisch schlafen schreiben schön

4 | Lest. 📖

Wir sind in der Schule.
Die Schere ist gut.

Sascha schreibt ein Wort.
Die Tasche ist schön.

A B C D E F G H I J K L M N O P Q R S T U V W X Y Z | **C c**

C...

C...

C...

CD 2/2

5 | Schreibt.

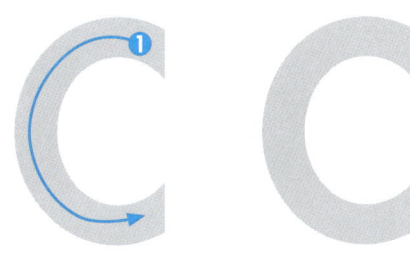

C   C
c   c
C c   C c
Cola   Cola

6 | Lest und schreibt.

Computer Cola Café Comic Club

7 | Lest.

Ich trinke Cola.
Das Café ist dort.

Das Kind spielt am Computer.
Der Computer ist an.

St   A B C D E F G H I J K L M N O P Q R S T U V W X Y Z

St...

St...

St...

CD 2/3

8 | Schreibt. ✏️

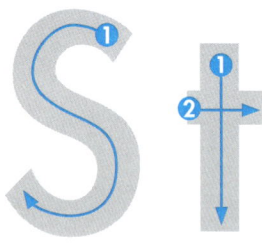

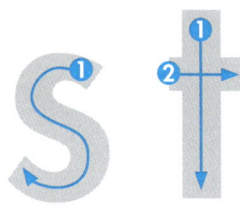

St   St

st   st

Stift   Stift

9 | Lest und schreibt. 📖 ✏️

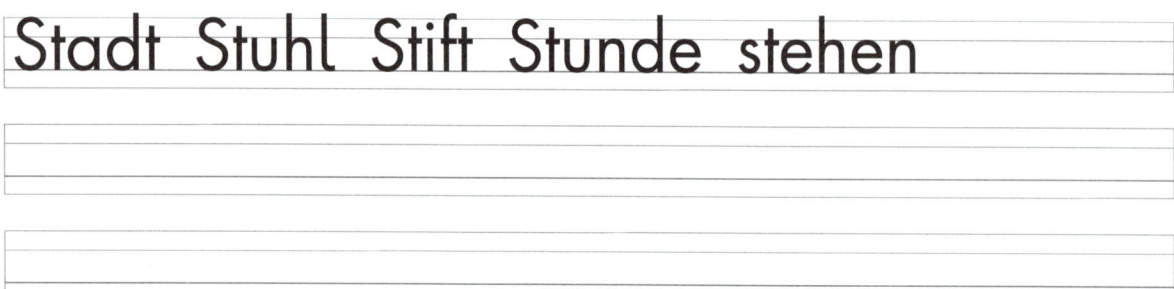

Stadt Stuhl Stift Stunde stehen

10a | St oder Sch? Hört und sprecht nach. 👂 💬   CD 2/4

10b | Sch/sch oder St? Hört und ergänzt. 👂 ✏️   CD 2/4

_____ uhl   _____ ön   _____ adt

_____ ule   _____ ift   _____ ere

A B C D E F G H I J K L M N O P Q R S T U V W X Y Z

11 a | Hört und sprecht nach. 👂 💬 CD 2/5–7

11 b | Hört und ergänzt. 👂 ✏️ CD 2/5–7

Sch/sch oder C?	Sch oder S?	sch oder ch?
_____ola	_____ule	Ta_____e
_____uh	_____alz	Da_____
_____ön	_____alat	Ti_____
_____omputer	_____ere	_____i_____

12 | Hört und schreibt. 👂 ✏️ CD 2/8

13 | Lest. 📖

Schu	Schule	Sche	Schere	Ta	Tasche
Co	Cola	Ca	Café	Ku	Kuchen
Kü	Küche	Mä	Mädchen	Lö	Löffel
Sti	Stift	Sta	Stadt	Stu	Stuhl

14 | Spiel. Schere, Stein, Papier. Sprecht. 💬 👥

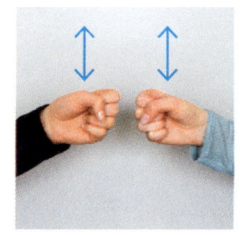
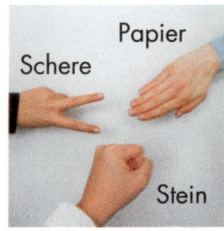

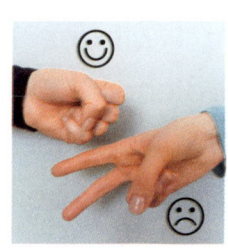

15 | Schulsachen. Lest und schreibt. 📖 ✏️

Stift

Heft

Buch

Schere

Kleber

Lineal

Radiergummi

Schultasche

16 | Welches Wort passt nicht? Streicht durch. 📖 ✏️

1. ~~Milch~~ | Schere | Stift | Buch
2. Tomate | Salat | Banane | Bus
3. Sofa | Stuhl | Zitrone | Tisch
4. U-Bahn | Brötchen | Bus | Zug
5. Wand | Regen | Wind | Sonne
6. Lineal | Hotel | Kleber | Radiergummi

A B C D E F G H I J K L M N O P Q R S T U V W X Y Z

17 | Ordnet zu und schreibt. 🖊

Ta ⌐ re _____   Ta to _____

Kle ⌐ sche *Tasche*   Fo le _____

Sche ber _____   Schu fel _____

18a | Lest. 📖

1. Lina ist in der Schule. **Sie** hat ein Buch, ein Heft und einen Stift.
2. Tim ist in der Schule. **Er** hat eine Schere, ein Buch und einen Radiergummi.
3. Amir ist in der Schule. **Er** hat eine Schere, ein Lineal und eine Schultasche.

Lina → Sie
Tim → Er

18b | Welches Foto passt zu welcher Person? Schreibt die Namen und die Schulsachen auf. 🖊

Schere

19 | Spiel. Welche Gruppe kennt die meisten Wörter? Sprecht.

Schere

20 a | Was brauchen die Schülerinnen und Schüler? Hört und schreibt.   CD 2/9–12

1 Heft _____

2 _____

3 _____

4 _____

20 b | Klassenspaziergang. Fragt und antwortet.

Was brauchst du? /
Was brauchen Sie?

Ich brauche
ein/e …

1 | Was seht ihr? Sprecht.

Neue Wörter:
Adresse: Vorname, Nachname, Straße, Hausnummer, Postleitzahl, Stadt

Das kann ich am Ende der Lektion sagen:
• Wie ist dein/Ihr Name? / Wie ist deine/Ihre Adresse?
– Mein Name / Meine Adresse ist …

J j **A B C D E F G H I J K L M N O P Q R S T U V W X Y Z**

 J...

 J...

 J...

CD 2/13

2 | Schreibt. ✏️

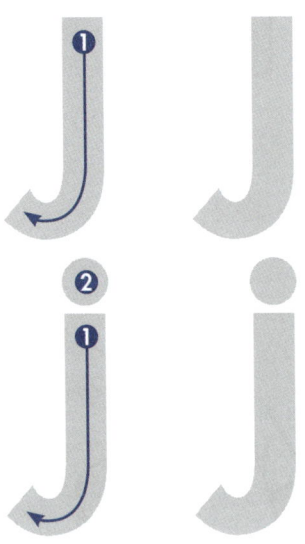

J

j

J j

Junge *Junge*

3 | Lest und schreibt. 📖 ✏️

Jahr Januar Juni Juli Joghurt Judo

jung ja jetzt

4 | Lest. 📖

Jana ist zehn Jahre alt.
Ich bin im Juli geboren.

Der Junge macht Judo.
Ich esse Joghurt.

A B C D E F G H I J K L M N O P Q R S T U V W X Y Z | **X x**

...x...

...x...

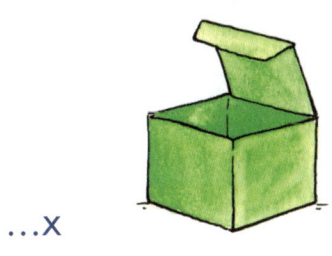

...x

CD 2/14

5 | Schreibt. ✏️

X
x
X x
Taxi

6 | Lest und schreibt. 📖 ✏️

Text Taxi Box Mixer

7 | Lest. 📖

Das Taxi ist gelb.
Max und Felix lesen einen Text.
Der Mixer ist in der Küche.
Die Fotos sind in der Box.

Schon fertig? ✏️
Was fehlt? Ergänzt.

J__hr, Ta__i, __ung, Mix__r,

B__x, je__zt, Jud__, Te__t

V v A B C D E F G H I J K L M N O P Q R S T U V W X Y Z

CD 2/15

V... V... V...

8 | Schreibt. ✏️

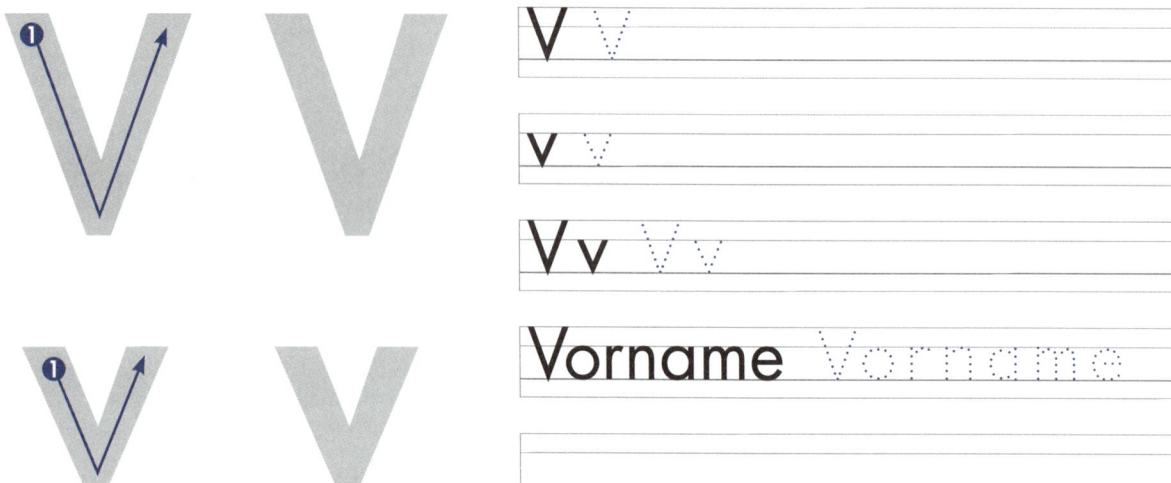

V v

v v

V v Vv

Vorname Vorname

9a | Lest und schreibt. 📖 ✏️

Vater Vogel voll von vor

Vase Visum November

9b | Hört und sprecht nach. 👂 💬 CD 2/16

10 | Lest. 📖

Das ist mein Vater.   Ich bin im November geboren.
Ihr Vorname ist Eva.   Die Vase ist auf dem Tisch.

A B C D E F G H I J K L M N O P Q R S T U V W X Y Z | ß

...ß...

...ß

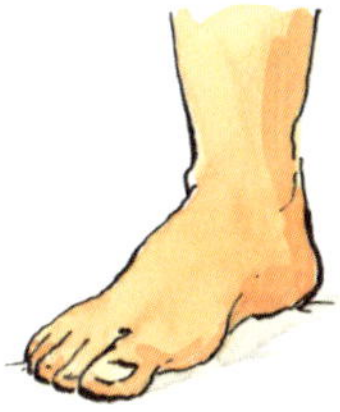

...ß

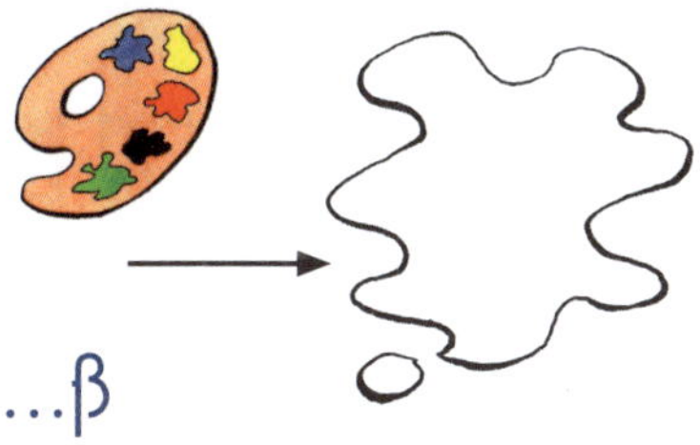

CD 2/17

11 | Schreibt. ✏️

ß

Fuß

12 | Lest und schreibt. 📖 ✏️

Fuß Straße heißen groß weiß

Adresse Imbiss Wasser Klasse essen

13a | Hört und sprecht nach. 👂 💬 CD 2/18

13b | ß oder ss? Hört und ergänzt. 👂 ✏️ CD 2/18

Fu____   Kla__e   hei__en

Stra__e   gro____   __e__en

A B C D E F G H I J K L M N O P Q R S T U V W X Y Z

14 | Lest und schreibt.

Vorname

Nachname

Adresse

Straße

Hausnummer

Postleitzahl

Stadt

15 | Lest und sprecht.

Wie ist der Vorname?
Wie ist der Nachname?
Wie ist die Adresse?
– Straße und Hausnummer
– Postleitzahl und Stadt

Leo Weber
Goethestraße 14
50663 Köln

16 | Ein Brief an eure Schule. Schreibt.

Alpha-Schule.

Schon fertig?
Was fehlt? Ergänzt.

Vorname, Na___name,

Stra__e, Hausn__mmer,

Postleit__ahl, ___adt

A B C D E F G H I J K L M N O P Q R S T U V W X Y Z

17 | Ein Brief. Lest und schreibt einen Brief an eine Mitschülerin / einen Mitschüler.

Hallo Lisa,
wie geht es dir?
Mir geht es gut.
Ich bin in der Schule.
Das Wetter ist schön.
Emine

18 a | Lest.

Schülerausweis

Julia Schulz

Adresse:
Hauptstraße 20
07745 Jena

Schülerausweis

Max Sturm

Adresse:
Vogelstraße 5
53127 Bonn

18 b | Ergänzt die Formulare mit den Angaben aus Aufgabe 18a.

Nachname: Schulz   Nachname: Sturm

Vorname: _____   _____: Max

Straße: _____   _____: Vogelstraße

Hausnummer: _____   _____: 5

Postleitzahl: _____   _____: 53127

Stadt: _____   _____: Bonn

19 | Anmeldung in der Schule.
Was ist richtig? Hört und kreuzt an. 👂 ❌ CD 2/19–20

Sekretariat

Nachname?

1 ☐ Müller ☐ Keller

Vorname?

☐ Lutz ☐ Max

Adresse?

2 ☐ Malstraße ☐ Schulstraße
☐ 10 ☐ 2
☐ 80463 ☐ 80634
☐ München ☐ Aachen

20 | Zieht eine Karte. Fragt und antwortet. 💬 👥

Nachname	Adresse
Vorname	Telefonnummer

✂ Vorname

Wie ist dein Vorname?

Wie ist Ihr Vorname?

Mein Vorname ist …

Schon fertig? ✏ 👥
Schreibt die Adresse einer Mitschülerin /
eines Mitschülers auf.

Name:

_____

Straße und Hausnummer:

_____

Postleitzahl und Stadt:

_____

21 | Das bin ich. Ergänzt. ✏

Das bin ich

Meine Adresse ist _____ .

Meine Telefonnummer ist _____ .

1 | Was seht ihr? Sprecht. 💬

Neue Wörter:
das Regal, der Schrank, der Sessel
blau, braun, gelb, grau, grün, rot, schwarz, weiß

Das kann ich am Ende der Lektion sagen:
• Welche Farbe hat der Schrank / …?
– Der Schrank / … ist braun / …

• Was ist deine / Ihre Lieblingsfarbe?
– Meine Lieblingsfarbe ist …

Au   A B C D E F G H I J K L M N O P Q R S T U V W X Y Z

Au…

…au…

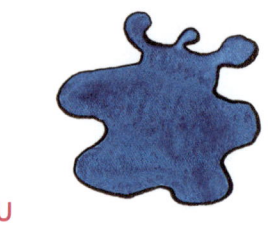

…au

CD 2/21

2 | Schreibt. ✏️

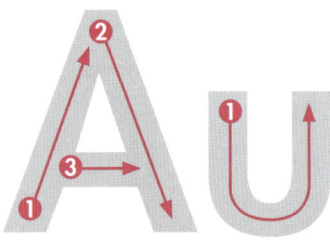

Au _Au_

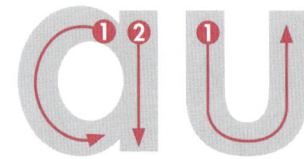

au _au_

Auto

blau

3 | Lest und schreibt. 📖 ✏️

Auge Haus Frau Baum kaufen aus

4a | Au oder Ei? Hört und sprecht nach. 👂 💬 CD 2/22

4b | Au/au oder Ei/ei? Hört und ergänzt. 👂 ✏️ CD 2/22

H_____s   _____s   B_____m

h_____ß   _____s   B_____n

schw…

Schw…

Schw…

CD 2/23

5 | Schreibt.

Schw   *Schw*

schw   *schw*

schwarz

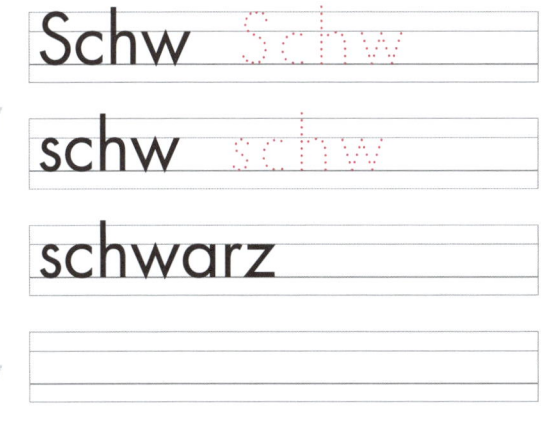

6 | Lest und schreibt.

Schwester Schwimmbad schwimmen

7 | Lest. 📖

Der Stuhl ist schwarz.   Er wohnt in der Schweiz.

8a | Schw oder St? Hört und sprecht nach.   CD 2/24

8b | Schw/schw oder St/st? Hört und ergänzt.   CD 2/24

_____ark   _____immen   _____ein

_____arz   _____ift   _____eiz

A B C D E F G H I J K L M N O P Q R S T U V W X Y Z

9 | Lest und ordnet zu. 📖 ✏️

| rot • gelb • blau • grün • braun • grau • schwarz • weiß |

gelb

10 | Lest und schreibt. 📖 ✏️

• Was ist deine Lieblingsfarbe?

▲ Meine Lieblingsfarbe ist _____.

11 | Faltet und lest. 📖　　　falten　　　Schreibt dann. ✏️

gelb	g e lb	g___b
braun	br___n	b___aun
grün	gr___n	___rün
weiß	w___ß	wei___
schwarz	schw___rz	___warz
rot	r___t	ro___
blau	bl___	b___au
grau	gr___	g___au

A B C D E F G H I J K L M N O P Q R S T U V W X Y Z

12 | Möbel. Lest und ordnet zu.

das Regal • das Sofa • das Bett • die Lampe • der Tisch •
der Stuhl • der Schrank • der Sessel

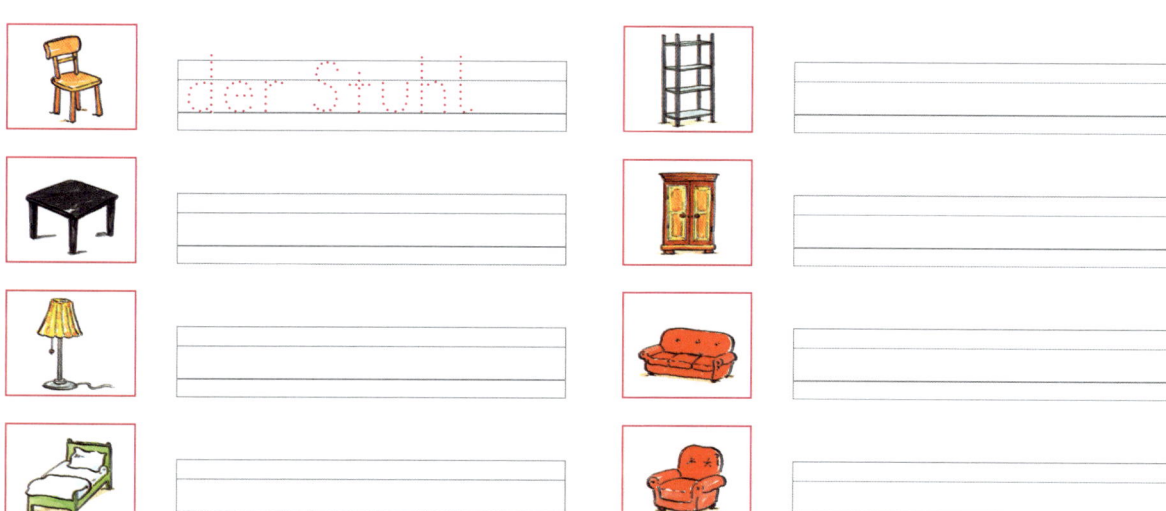

der Stuhl

13 | Welche Farbe haben die Möbel
in Aufgabe 12? Schreibt 7 Sätze.

Der Stuhl ist braun.

Der Tisch

14 | *der, das* oder *die?* Ordnet die Möbel von Aufgabe 12 zu.

der	das	die
der Stuhl		

> Schon fertig?
 Beschriftet das Bild auf Seite 93.
>
> der Stuhl,
> der Schrank ...

15a | Beschriftet die Möbel-Bildkarten.
Markiert **der**, **das**, **die** mit Farben.

> Schon fertig?
 Beschriftet weitere Bildkarten.
>
> das Buch,
> das Foto ...

15b | *der, das* oder *die?* Fragt und antwortet.

der, das oder *die?*

... der Stuhl!

A B C D E F G H I J K L M N O P Q R S T U V W X Y Z

16a | Hört und sprecht nach. 🔊 💬 CD 2/25–27

16b | Hört und ergänzt. 🔊 ✏️ CD 2/25–27

1 _____rank

_____isch

_____essel

2 _____lau

_____rün

_____raun

3 _____to

_____aus

_____rau

17 | Die Möbel. Lest und malt dann aus. 📖 ✏️

Das sind Möbel.
Das Sofa ist blau. Der Sessel ist rot.
Der Tisch ist weiß. Der Stuhl ist schwarz.
Die Lampe ist braun. Der Schrank ist grün.
Das Bett ist gelb.

18 | Zieht eine Möbelkarte und eine Farbkarte. 💬 👥
Fragt und antwortet.

Welche Farbe hat der Tisch?

 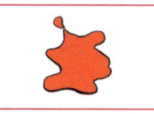

Der Tisch ist rot.

A B C D E F G H I J K L M N O P Q R S T U V W X Y Z

19 a | Was ist die Lieblingsfarbe? Hört und schreibt. 🎧 ✏️ CD 2/28–31

1 rot   **3**

2   **4**

19 b | Klassenspaziergang. Fragt und antwortet. 💬

> Was ist deine Lieblingsfarbe?

> Meine Lieblingsfarbe ist …

> Was ist Ihre Lieblingsfarbe?

20 a | Im Klassenzimmer. Hört und schreibt. 🎧 ✏️ CD 2/32

20 b | Zeigt auf Gegenstände im Klassenzimmer und fragt nach der Farbe. 💬

> Welche Farbe hat die Tafel?

> Die Tafel ist …

1 | Was seht ihr? Wie spät ist es? Sprecht. 💬

London	Berlin	Ankara	Bagdad	Kabul	Bangkok
1 Uhr	2 Uhr	3 Uhr	4 Uhr	halb 6	8 Uhr

Neue Wörter:
eins, zwei, drei, vier, fünf, sechs, sieben, acht, neun, zehn, elf, zwölf

---

Das kann ich am Ende der Lektion sagen:

• Wie spät ist es?
– Es ist ein Uhr / halb eins / halb drei / …

• Wann hast du Deutsch?
– Ich habe um acht / … Deutsch.

ie A B C D E F G H I J K L M N O P Q R S T U V W X Y Z

CD 2/33

…ie…   4

…ie…   7

…ie…   Leo Weber
Goethestraße 14
50663 Köln

2 | Schreibt. ✏️

② ie ie   ie ⊙

Brief

3 | Lest und schreibt. 📖 ✏️

vier   sieben   der Brief   wiederholen   spielen   sie   wie   viel   hier

drei   das Eis   die Zeit   der Preis   das Bein   schreiben   heißen   klein

4a | ie oder ei? Hört und sprecht nach. 👂 💬 CD 2/34

4b | ie oder ei? Hört und ergänzt. 👂 ✏️ CD 2/34

Br__f   Z__t   schr__ben
Pr__s   s__ben   sp__len

...eu...

Eu...

...eu...

CD 2/35

5 | Schreibt. ✏

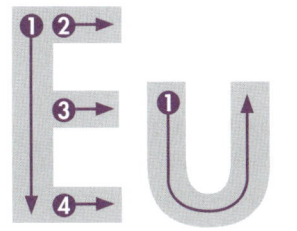 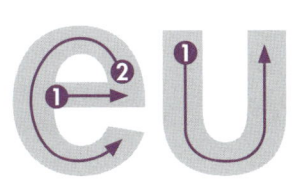

Eu ⌁Eu⌁

eu ⌁eu⌁

Euro

6 | Lest und schreibt. 📖 ✏

neun   der Freund   die Freundin   der Euro   Deutschland   Deutsch

7a | Eu oder Au? Hört und sprecht nach. 👂 💬 CD 2/36

7b | Eu/eu oder Au/au? Hört und ergänzt. 👂 ✏ CD 2/36

____ro   bl____   Fr____

____to   D____tsch   Fr____nd

Zw **A B C D E F G H I J K L M N O P Q R S T U V W X Y Z**

zw…

zw…

Zw…

CD 2/37

---

8 | Schreibt.

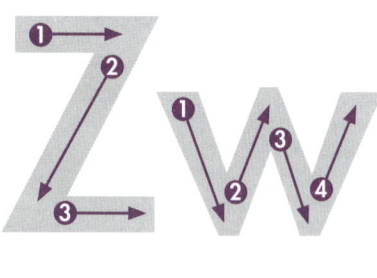
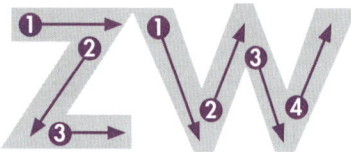

Zw Zw

zw zw

zwei

Zwiebel

---

9 | Lest und schreibt. 📖 ✏️

zwei zwölf die Zwiebel zwischen

10a | Zw oder Schw? Hört und sprecht nach. 👂 💬 CD 2/38

10b | Zw/zw oder Schw/schw? 👂 ✏️ CD 2/38
Hört und ergänzt.

_____ei   _____arz

_____eiz   _____immen

_____ölf   _____iebel

Schon fertig? 🔍
Was ist richtig? Sucht.

naun (neun) (neun)

drei drei drie

veir vier vier

A B C D E F G H I J K L M N O P Q R S T U V W X Y Z

11 | Zahlen. Lest und ordnet zu.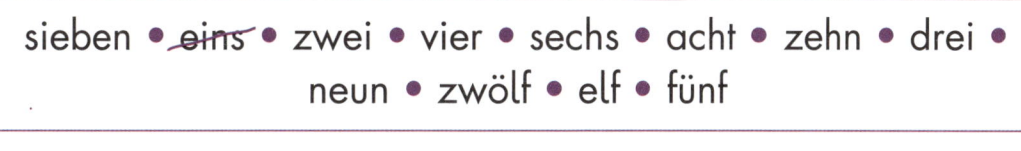

> sieben • eins • zwei • vier • sechs • acht • zehn • drei •
> neun • zwölf • elf • fünf

1 eins

2

3

4

5

6

7

8

9

10

11

12

12a | Wie spät ist es? Lest.

   Es ist ein Uhr.

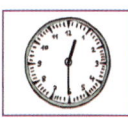   Es ist halb eins.

   Es ist acht Uhr.

   Es ist halb acht.

12b | Wie spät ist es? Schreibt.

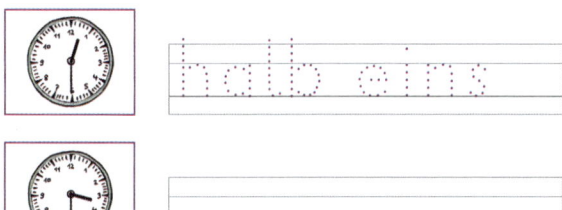   halb eins

A B C D E F G H I J K L M N O P Q R S T U V W X Y Z

13 | Richtig oder falsch? Lest und kreuzt an. 📖 ☒

	richtig	falsch
Es ist vier Uhr.	☐	☐
Es ist sieben Uhr.	☐	☐
Es ist zwölf Uhr.	☐	☐

14a | Lest und ergänzt den Stundenplan. 📖 ✏️

Ich heiße Saad.
Ich gehe hier in die Schule.
Ich habe heute um acht Deutsch.
Ich habe um neun Mathe.
Ich habe um halb elf Musik.
Ich habe um halb zwölf Sport.

Zeit	Fach
08:00	Deutsch
09:00	
10:00	Pause
10:30	
11:30	

14b | Lest die Fragen und antwortet. 📖 ✏️

Wie heißt der Schüler?   Er heißt

Wann hat er Deutsch?   Er hat

Wann hat er Mathe?

Wann hat er Sport?

A B C D E F G H I J K L M N O P Q R S T U V W X Y Z

15a | Wie spät ist es? Hört und schreibt. 🎧 ✏️ CD 2/39–44

1 Es ist fünf Uhr.   4 _____

2 _____   5 _____

3 _____   6 _____

15b | Malt Uhrzeiten. Fragt und antwortet. 💬 👥

Wie spät ist es?

Es ist … Uhr.

16a | Wann hat der Schüler …?
Hört und ergänzt den Stundenplan. 🎧 ✏️ CD 2/45–48

Zeit	Fach
08:00	Deutsch
:	Sport
:	Mathe
:	Musik

16b | Wann hast du …?
Fragt und antwortet. 💬 👥

Wann hast du Musik?

Wann haben Sie Musik?

Ich habe um halb zwei Musik.

Deutsch   Mathe   Sport

Musik   Pause   _____

A B C D E F G H I J K L M N O P Q R S T U V W X Y Z

17 | Wie heißen die Fragen und Antworten richtig? Schreibt.

Wie – ist – spät – es – ?　　　　Wie spät _____

Es – zwei – halb – ist – .　　　　_____

Deutsch – du – hast – Wann – ?　_____

Ich – um – zehn – Deutsch – habe – .　_____

18 a | Lest ein Wort, eine Mitschülerin / ein Mitschüler sucht es.

vier	schwarz	eins		zwei	zehn
rot	neun	weiß	braun	fünf	
drei		grau	grün		sieben
acht	blau	sechs		gelb	

18 b | Zahl oder Farbe? Ordnet die Wörter.

vier　　　　　　rot

_____　　　　_____

19 a | Lest und ergänzt.

Der _Schüler_ ist zu Hause.

Es ist _____ Uhr.

Er ist im _____ .

19 b | Klassengeschichte. Schreibt gemeinsam einen Text zu den Bildern auf Seite 101.

1 | Was seht ihr? Was kostet das? Sprecht.

Neue Wörter:
der Apfel, der Pfirsich, die Pflaume, das Pfund, die Kartoffel, die Erdbeere

Das kann ich am Ende der Lektion sagen:

• Was möchtest du? / Was möchten Sie?
– Ich möchte gern ein Kilo Äpfel.

• Was kostet die Banane? / Was kosten die Äpfel?
– Die Banane kostet / Die Äpfel kosten … Euro.

Pf…   …pf…   Pf…

CD 2/49

2 | Schreibt. ✏️

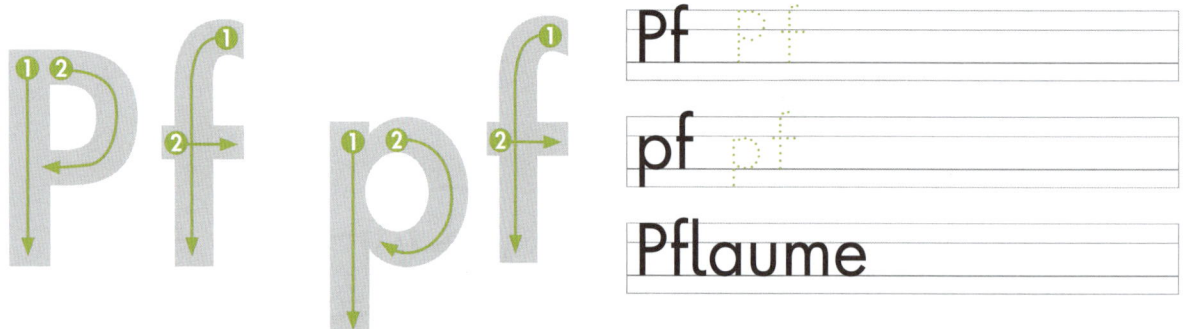

Pf Pf

pf pf

Pflaume

3 | Lest und schreibt. 📖 ✏️

die Pflaume   der Pfirsich   der Apfel   der Pfeffer   das Pfund

4 | Lest. 📖

Ich kaufe Pflaumen.   Salz und Pfeffer stehen auf dem Tisch.
Die Äpfel kosten einen Euro.   Ich möchte fünf Pfirsiche.

5a | Pf oder F? Hört und sprecht nach. 👂 💬 CD 2/50

5b | Pf/pf oder F/f? Hört und ergänzt. 👂 ✏️ CD 2/50

___irsich   A___el   ___ünf

___oto   Ta___el   ___uß

___und   ___effer   ___laume

6a | Obst und Gemüse. Lest und ordnet zu.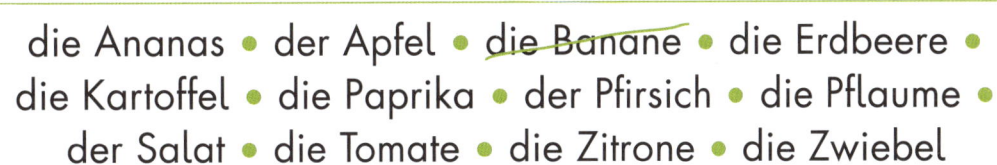

> die Ananas • der Apfel • die Banane • die Erdbeere •
> die Kartoffel • die Paprika • der Pfirsich • die Pflaume •
> der Salat • die Tomate • die Zitrone • die Zwiebel

die Banane

6b | Noch mehr Obst und Gemüse. Sammelt.

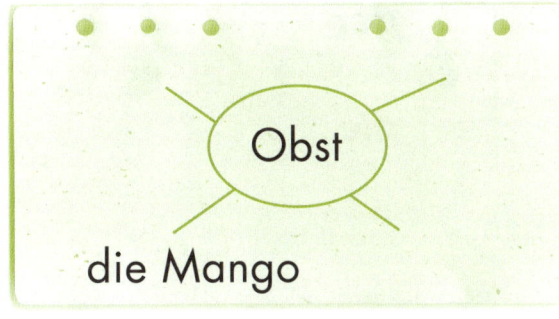

Obst

die Mango

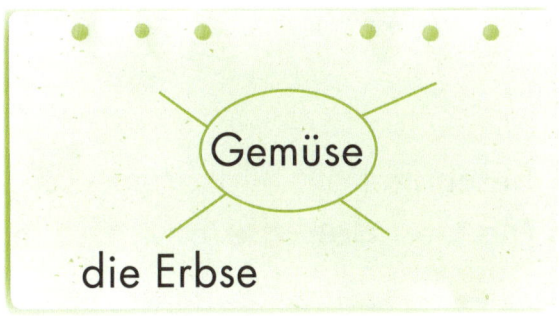

Gemüse

die Erbse

7 | Hört und ergänzt. CD 2/51

Pfl_____m_____   _____ir_____ich   Pa_ri_a   S_l_t

A_el   K_rt_ffe_____   Zw_bel   Z_tron_____

8 a | Lest. Markiert dann farbig
der, **die** bzw. **die** und schreibt.

der Apfel	_der Apfel_	die Äpfel	_die Äpfel_
die Paprika		die Paprika	
die Banane		die Bananen	
die Pflaume		die Pflaumen	
die Ananas		die Ananas	
die Zitrone		die Zitronen	
die Zwiebel		die Zwiebeln	
die Kartoffel		die Kartoffeln	
der Pfirsich		die Pfirsiche	
der Salat		die Salate	

8 b | Beschriftet die Bildkarten.
Markiert **der**, **die** bzw. **die** mit Farben.

A B C D E F G H I J K L M N O P Q R S T U V W X Y Z

9 a | Lisa und Alex auf dem Markt. Lest. 📖

Lisa und Alex gehen einkaufen.
Lisa möchte Ananas und Bananen.
Alex möchte Äpfel, Pfirsiche und Pflaumen.
Sie kaufen ein Kilo Äpfel, ein Kilo Bananen,
eine Ananas, vier Pfirsiche und ein Kilo Pflaumen.

9 b | Welcher Einkaufszettel passt? Lest und kreuzt an. 📖 ❌

Äpfel Ananas Tomaten Bananen	Ananas Pflaumen Äpfel Erdbeeren	Äpfel Bananen Ananas Pfirsiche Pflaumen
☐	☐	☐

10 | Wie heißen die Wörter? Schreibt. 🖊

Ap Zi tro ~~fel~~ ne   Apfel _____   _____

Ba na Pflau ne me   _____   _____

Erd To bee re ma te   _____   _____

Kar tof A na fel nas   _____   _____

Sa Pa pri lat ka   _____   _____

13 | Auf dem Markt

A B C D E F G H I J K L M N O P Q R S T U V W X Y Z

11 | Was möchten die Personen? Hört und kreuzt an. 🦻 ☒ CD 2/52–54

1 ☐ Paprika ☐ Tomaten ☐ Äpfel ☐ Kartoffeln
2 ☐ Bananen ☐ Zitronen ☐ Pflaumen ☐ Zwiebeln
3 ☐ Pfirsiche ☐ Tomaten ☐ Salat ☐ Bananen

12a | Schreibt einen Einkaufszettel wie im Beispiel. 🖊

1 Kilo Äpfel
1 Kilo Erdbeeren
1 Kilo Pfirsiche

_____
_____
_____

12b | Fragt und antwortet. 💬 👥

Was möchtest du? /
Was möchten Sie?

Ich möchte ein
Kilo Äpfel …

die Ananas ➜
Ich möchte eine Ananas.
der Salat ➜
Ich möchte einen Salat.

13a | Zahlen. Hört und lest leise mit. Sprecht dann. 🦻 📖 💬 CD 2/55

10 11 12 13 14 15 16 17 18 19 20 21 22

Schon fertig? 🖊
Schreibt einen
Einkaufszettel
für heute.

13b | Lest und schreibt. 📖 🖊

elf 11   fünf zehn _____   neun zehn _____
zwölf 12   sech zehn _____   zwan zig _____
drei zehn 13   sieb zehn _____   ein und zwanzig _____
vier zehn _____   acht zehn _____   zwei und zwanzig _____

A B C D E F G H I J K L M N O P Q R S T U V W X Y Z

14a | Zahlen. Hört und lest leise mit. Sprecht dann.  CD 2/56

10   20   30   40   50   60   70   80   90   100

14b | Hört und schreibt. CD 2/57

80   90

15 | Hört und ergänzt. CD 2/58–59

1	2			5		7	8		10
11	12	13			16			19	20
21		23	24			27	28		30
	32			35	36				40
		43		45				49	50

16 | Was kostet das? Lest und schreibt.

```
Rechnung

                   EUR
Äpfel             1,89
Zitrone           0,69
Kartoffeln        2,79
Ananas            2,99
Salat             0,49
Pfirsiche         2,49
Zwiebel           0,59

Summe EUR        11,93

Vielen Dank für Ihren
Einkauf!
```

1 Was kostet die Zitrone?
2 Was kostet der Salat?
3 Was kostet die Zwiebel?
4 Was kostet die Ananas?

5 Was kosten die Äpfel?
6 Was kosten die Pfirsiche?
7 Was kosten die Kartoffeln?

1 Die Zitrone kostet 0,69 €.
2 Der Salat kostet 0,49 €.

 Der Apfel kost**et** …
Die Äpfel kost**en** …

A B C D E F G H I J K L M N O P Q R S T U V W X Y Z

17 a | Hört und lest. 📖 CD 2/60

- • Guten Tag. Was möchten Sie, bitte?
- – Guten Tag. Was kosten die Äpfel?
- • Ein Kilo Äpfel kostet 1,60 €.
- – Ein Kilo Äpfel, bitte.
- • Das macht 1,60 €.
- – Bitte schön.
- • Danke. Auf Wiedersehen.

> Was kostet / kosten …?
>
> 1,60 € … einen Euro sechzig.
>
> 0,40 € … vierzig Cent.

17 b | Auf dem Markt. Was kostet das? Sprecht. 💬

> Was kosten die Zitronen?

> Das Stück kostet 40 Cent.

17 c | Spielt Verkaufsgespräche. 💬 👥

> Guten Tag.
> Was kostet der Salat?

> Schon fertig? ✎
> Beschriftet das Bild auf Seite 109.

1 | Was seht ihr? Beschreibt die Personen. 💬

Neue Wörter:
jung – alt, dick – dünn, groß – klein, lang – kurz
das Auge / die Augen, das Haar / die Haare
das Hemd, die Hose, die Jacke, der Pullover, der Rock, die Schuhe; der Mann, die Frau, das Kind

Das kann ich am Ende der Lektion sagen:
• Der Mann / Die Frau / Das Kind ist jung/alt, groß/klein, dick/dünn.
– Seine/Ihre Haare sind lang/kurz. Seine/Ihre Haare/Augen sind braun/…
▪ Er/Sie ist … Jahre alt.

ck A B C D E F G H I J K L M N O P Q R S T U V W X Y Z

...ck...

...ck

...ck

CD 2/61

2 | Schreibt. ✎

ck ck ck

Jacke

3 | Lest und schreibt. 📖 ✎

die Jacke der Rock das Stück das Frühstück
schmecken dick schick lecker

4 | Lest. 📖

Der Rock ist schick.   Ich esse ein Stück Kuchen.
Die Jacke ist dick.   Das Brot schmeckt lecker.

5a | ck oder ch? Hört und sprecht nach. 👂 💬 CD 2/62

5b | ck oder ch? Hört und ergänzt. 👂 ✎ CD 2/62

Da____   Stü____   Ro____

Ja__e   Ku__en   Bu____

6 | Lest und ordnet zu.

> dick • ~~jung~~ • klein • alt • lang • kurz • dünn • groß

 *jung*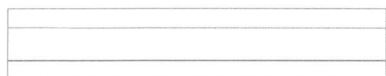

 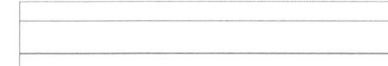

7 | Hört und ergänzt. CD 2/63

d _ nn   k _ rz   j _ ng   d _ ck

kl _ n   l _ ng   gr _ ß   _ lt

8 | Schreibt Sätze.

1 Der Mann ist dünn.   **4** _____

2 _____   **5** _____

3 _____   **6** _____

9a | Wie alt …? Lest und schreibt.

Wie alt ist der Mann?

 Er ist *70* Jahre alt.

Wie alt ist der Schüler?

 _____

| der Mann/Schüler = er |
| die Frau/Schülerin = sie |

Wie alt ist die Frau?

 Sie ist _____

Wie alt ist die Schülerin?

 _____

9b | Wie alt ist …? Schreibt Zahlen. Fragt und antwortet.

30

Wie alt ist der Baum?

 30

Der Baum ist
30 Jahre alt.

Schon fertig? ✎
Wie alt ist deine Mutter / dein Vater / deine Schwester / dein Bruder? Schreibt ins Heft.

Meine Mutter _____ .

10a | Welche Farben haben die Haare?
Lest und ordnet zu.

> braun • schwarz • blond • grau

10b | Welche Augenfarben gibt es in eurer Klasse? Schreibt.

braun: ||

10c | Welche Farben kennt ihr noch? Schreibt.

rot

11 | Welches Wort beginnt mit b/r/g?   CD 2/64–66
Hört und kreuzt an.

b  ☐  ☐  ☐

r  ☐  ☐  ☐

g  ☐  ☐  ☐

A B C D E F G H I J K L M N O P Q R S T U V W X Y Z

12 | Wer bin ich? Lest und ordnet zu.

1 Meine Haare sind lang und blond. Meine Augen sind grau.
2 Meine Haare sind kurz und braun. Meine Augen sind blau.
3 Meine Haare sind lang und schwarz. Meine Augen sind grün.
4 Meine Haare sind kurz und rot. Meine Augen sind braun.

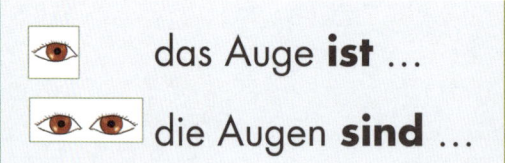

das Auge **ist** …
die Augen **sind** …

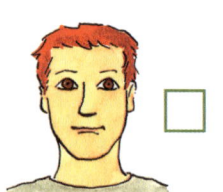

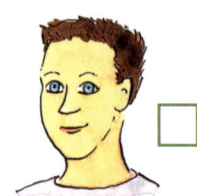

13 | Kleidung. Lest und schreibt.

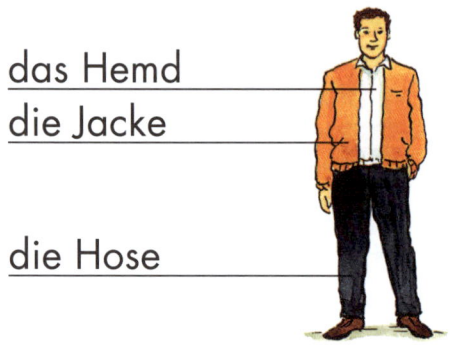

das Hemd
die Jacke

die Hose

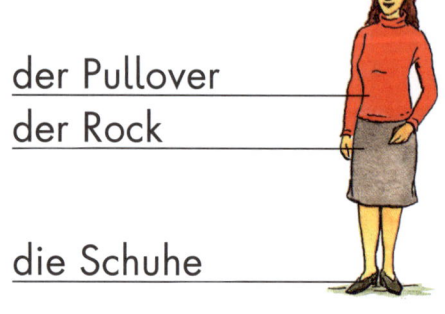

der Pullover
der Rock

die Schuhe

die Jacke

14 | Wer ist das? Lest und schreibt den Namen. 📖 ✏️

Frau Weber

Sabine

Stefan

1 Ihre Haare sind lang und braun. Ihr Pullover ist grün.
Ihr Rock ist grau. Ihre Schuhe sind rot.

Wer ist das? ___Das ist_____

2 Er ist groß. Seine Haare sind kurz und blond.
Seine Jacke ist weiß. Seine Hose ist blau. Seine Schuhe sind braun.

Wer ist das? _____

3 Sie ist jung. Ihre Haare sind kurz und schwarz.
Ihr Pullover ist gelb. Ihre Hose ist rot.
Ihre Schuhe sind schwarz.

Wer ist das? _____

15 | Bringt Bilder von bekannten Personen mit und
hängt sie im Klassenzimmer auf. Beschreibt eine Person. ✏️ 👥

Sie/Er ist …
Die Haare sind …
Die Augen sind …
Der Rock/Pullover ist …
Das Hemd ist …
Die Hose ist …

Schon fertig? ✏️
Schreibt das Gegenteil.

groß ↔ _klein_____

alt ↔ _____

kurz ↔ _____

dick ↔ _____

16 | Beschreibungen. Hört mehrmals und schreibt. CD 2/67–69

 1 　2 　3

	1	2	3
Wie alt?	45		
Welche Haarfarbe?	rot		
Welche Augenfarbe?	braun		
Welche Kleidung?	Hose Hemd		

17 | Wer ist das? Fragt und antwortet.

Ihre Haare sind …
Ihre Augen sind …
Ihre Schuhe sind …
Ihr Pullover ist …

Das ist …!

 seine Haare / seine Augen　　 ihre Haare / ihre Augen

1 | Was macht der Schüler gern?
Was macht er nicht gern? Sprecht.

Neue Wörter:
Fußball spielen, lesen, Musik hören, Sport machen, spazieren gehen, tanzen

Das kann ich am Ende der Lektion sagen:
• Was machst du gern / nicht gern? / Was machen Sie gern / nicht gern?
– Ich tanze gern. / Ich tanze nicht gern. …
▲ Tanzt du gern? / Tanzen Sie gern? … ▬ Ja./Nein.

Sp A B C D E F G H I J K L M N O P Q R S T U V W X Y Z

Sp…

sp…

sp…

CD 2/70

2 | Schreibt. ✎

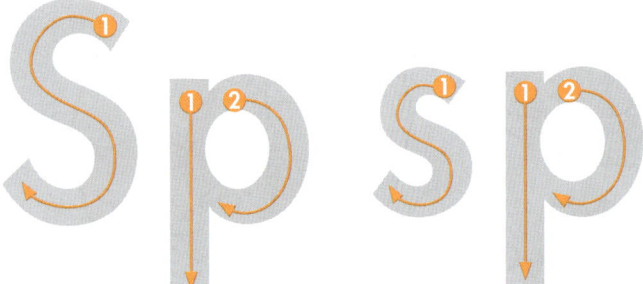

Sp *Sp*

sp *sp*

Sport

3 | Lest und schreibt. 📖 ✎

der Sport   die Sprache   der Spaß   sprechen   spielen   spazieren

4 | Lest. 📖

Ich mache Sport.
Sie spielt Fußball.

Spielen macht Spaß.
Wir sprechen Deutsch.

5a | Sp oder Sch? Hört und sprecht nach. 👂 💬 CD 2/71

5b | sp oder sch? Hört und ergänzt. 👂 ✎ CD 2/71

_____ielen   _____ort   _____rache

_____reiben   _____ule   _____lafen

 Y...

 ...y

 ...y

CD 2/72

6 | Schreibt.

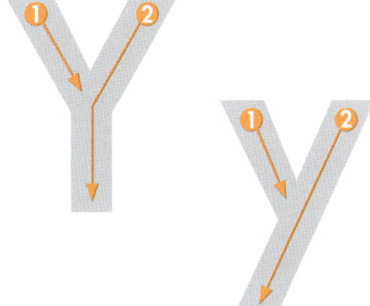

Y   y

y   y

Yoga

7 | Lest und schreibt.

das Yoga   das Hobby   das Handy   die Party   das Baby

8 | Lest.

Ich mache Yoga.   Ich habe ein Handy.
Mein Hobby ist Tanzen.   Lilly macht eine Party.

9 | Ergänzt die fehlenden Buchstaben.

Lill__ m__cht ein__ Part__.

W__r ___rechen Deut_____.

S_____ielt Fu__ball. I___ mach__ __oga.

10 | Lest und ordnet zu.

> Sport machen • Fußball spielen • ~~tanzen~~ • Musik hören •
> spazieren gehen • lesen

1 tanzen

2

3

4

5

6

11a | Lest und schreibt Sätze mit *nicht* wie im Beispiel.

Ich tanze gern.   Ich tanze nicht gern

Ich lese gern.

Ich mache gern Sport.

Ich spiele gern Fußball.

Ich höre gern Musik.

Ich gehe gern spazieren.

A B C D E F G H I J K L M N O P Q R S T U V W X Y Z

11 b | Was macht ihr gern / nicht gern? Schreibt.

11 c | Fragt und antwortet.

Was machst du gern?

Ich höre gern Musik.

Was machst du nicht gern?

Was machen Sie gern / nicht gern?

12 | Lest und ergänzt.

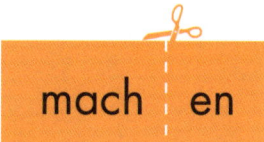

ich mache
du machst
er macht
sie macht

ich spiel___
du spiel___
er spiel___
sie spiel___

13 | Schreibt Karten und legt Sätze.

ich	mach	e
du	spiel	st
er	geh	t
sie	hör	t

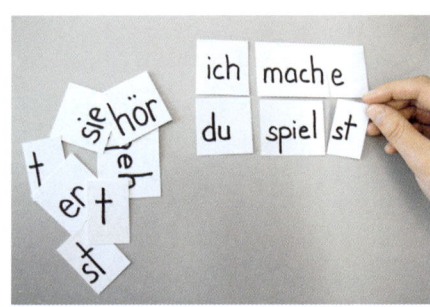

14 | Ergänzt.

spielen ➜ Ich _spiele_ Fußball.

machen ➜ Du _____ Sport.

tanzen ➜ Er _____ gern.

gehen ➜ Sie _____ spazieren.

> Schon fertig?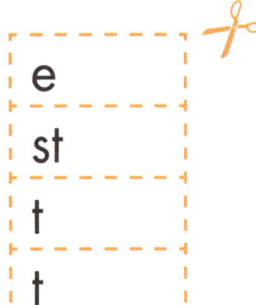
> Ein Buchstabe ist zu viel.
> Streicht durch.
>
> Spo~~r~~t Fußbaall tannzen
> shpielen liesen
> spaziehren Mousik

15 | Stopp-Tanz. Tanzt und sprecht. 💬

> Ich spiele nicht gern Fußball. Sie liest gern.

16a | Rami, Sara und Sascha. Lest. 📖

1 Ich heiße Rami. Ich bin 13 Jahre alt.
Ich wohne in Hamburg.
Ich höre gern Musik und gehe gern spazieren.

2 Ich heiße Sara. Ich bin 16 Jahre alt.
Ich wohne in Hamburg und gehe zur Schule.
Ich mache gern Sport und lese gern.

3 Ich heiße Sascha. Ich bin 19 Jahre alt.
Ich wohne in Hamburg und arbeite im Café.
Ich spiele gern Fußball und tanze gern.

16b | *ja* oder *nein*? Lest die Fragen und kreuzt an. 📖 ❌

		ja	nein
1	Wohnt Rami in Bremen?	☐	☒
	Hört Rami gern Musik?	☐	☐
	Geht Rami gern spazieren?	☐	☐
2	Geht Sara zur Schule?	☐	☐
	Wohnt Sara in Berlin?	☐	☐
	Macht Sara gern Sport?	☐	☐
3	Tanzt Sascha gern?	☐	☐
	Arbeitet Sascha in der Schule?	☐	☐
	Spielt Sascha gern Fußball?	☐	☐

Schon fertig? ✏️
Wortschlange. Trennt die Wörter.
Ich|machegernSportundlesegern.
IchspielegernFußballundtanzegern.
IchhöregernMusikundgehegernspazieren.

17 a | Was machen die Personen gern /
nicht gern? Hört und schreibt oder zeichnet. 👂 ✏️ CD 2/73–74

	Anne	Max
1 Fußball spielen	☹️ *nein*	
2 tanzen		

17 b | Schreibt Sätze. ✏️

Anne spielt nicht gern Fußball.

Schon fertig? ✏️
Schreibt Sätze zu Seite 125.

Der Schüler tanzt gern.

18 | Zieht eine Karte. Fragt und antwortet. 💬 👥

Tanzt du gern?

Nein, ich tanze nicht gern.

Tanzen Sie gern?

19 | Das bin ich. Ergänzt. ✏️

Das bin ich

Ich _____ gern.

_____ .

_____ .

1 | Welche Berufe seht ihr? Sprecht. 💬

Neue Wörter:
Taxifahrer/Taxifahrerin, Lehrer/Lehrerin, Kellner/Kellnerin, Arzt/Ärztin, Sekretär/Sekretärin, Koch/Köchin, Bauarbeiter/Bauarbeiterin, Verkäufer/Verkäuferin
die Schule, das Büro, das Geschäft, die Küche, das Café

Das kann ich am Ende der Lektion sagen:
• Was möchtest du werden? / Was möchten Sie werden?
– Ich möchte Arzt /… werden.

äu A B C D E F G H I J K L M N O P Q R S T U V W X Y Z

 …äu…  …äu…  …äu…

CD 2/75

2 | Schreibt.

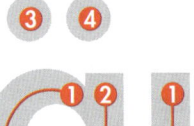 

äu *äu äu*

Verkäufer

3 | Lest und schreibt.

das Haus die Häuser der Baum die Bäume der Raum die Räume

4 | Lest.

Der Verkäufer ist dort. Die Häuser sind groß.
Die Räume sind klein. Die Bäume sind grün.

5a | Äu oder Au? Hört und sprecht nach. CD 2/76

5b | äu oder au? Hört und ergänzt. CD 2/76

H____s B____m R____m
H____ser B____me R____me

A B C D E F G H I J K L M N O P Q R S T U V W X Y Z

6a | Berufe. Lest.

der Verkäufer
der Kellner
der Lehrer
der Arzt
der Taxifahrer

die Verkäuferin
die Kellnerin
die Lehrerin
die Ärztin
die Taxifahrerin

6b | Wie heißen die Berufe (♂/♀)? Ergänzt.

 der Sekretär
die Sekretärin

 _____
die Bäckerin

 _____
die Maurerin

 der Elektriker
_____

 der Gärtner
_____

 _____
die Polizistin

6c | Wie heißen die Berufe? Lest und schreibt.

Busfahrer • Malerin • Tischlerin • Koch • Köchin • Briefträgerin •
~~Anwältin~~ • Tischler • Briefträger • Busfahrerin • ~~Anwalt~~ • Maler

 *der Anwalt*
die Anwältin

 _____

 _____

 _____

 _____

 _____

A B C D E F G H I J K L M N O P Q R S T U V W X Y Z

7a | Wo arbeiten die Personen? Lest und schreibt.

im Büro

im Geschäft

in der Schule

in der Küche

7b | Was passt zusammen? Lest und ordnet zu.

1 der Lehrer   im Büro
2 die Sekretärin   im Geschäft
3 der Koch   in der Schule
4 die Verkäuferin   in der Küche

7c | Schreibt Sätze zu Aufgabe 7b.

 1 Ali    2 Lisa    3 Tom    4 Eva

1 Ali ist Lehrer. Er arbeitet in _____

2 _____

3 _____

4 _____

A B C D E F G H I J K L M N O P Q R S T U V W X Y Z

8 a | Lest und kreuzt an. 📖 ❌

Ich heiße Malia. Ich gehe in
die Schule und lerne Deutsch.
Ich möchte Köchin werden.
Ich koche gern.

	richtig	falsch
Sie heißt Malia.	☐	☐
Sie arbeitet in der Schule.	☐	☐
Sie möchte Kellnerin werden.	☐	☐
Sie kocht gern.	☐	☐

8 b | Lest und beantwortet die Fragen. 📖 ✏️

Ich heiße Ahmad. Ich wohne in München.
Mein Vater ist Bauarbeiter. Er baut Häuser.
Meine Mutter ist Verkäuferin. Sie arbeitet in einem
Geschäft. Ich möchte gern Tischler werden.

Wie heißt er? Er heißt _____

Wo wohnt er? _____

Was ist der Vater von Beruf? Der Vater ist _____

Was ist die Mutter von Beruf? _____

Was möchte er werden? Er möchte _____

9 | Sammelt weitere Berufe in der Klasse. Schreibt.

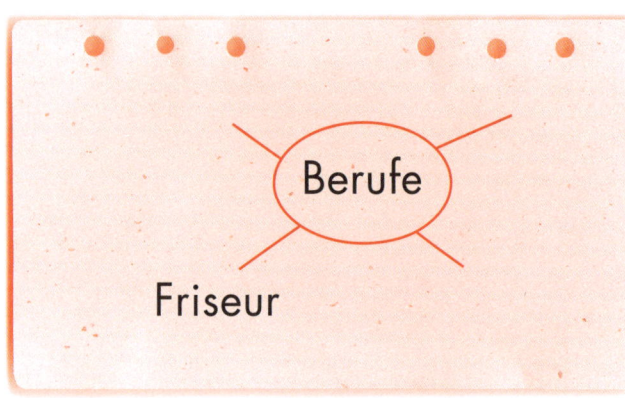

Berufe

Friseur

Schon fertig? 📖 ☒
Was ist richtig? Lest und kreuzt an.

☐ Artzt   ☐ Arzt
☐ Lehrer   ☐ Lehere
☐ Kenller   ☐ Kellner
☐ Taxifahrer   ☐ Taxifarher

10a | Was möchten die Schüler/
Schülerinnen werden? Hört und schreibt.   CD 2/77–80

1  Ich möchte *Ärztin* werden.

2  Ich möchte _____ werden.

3  Ich möchte _____ werden.

4 Ich möchte _____ werden.

10b | Was möchtest du werden? Fragt und antwortet.

Was möchtest
du werden?

Ich möchte … werden.

Was möchten
Sie werden?

11 a | W-Fragen. Lest und ordnet zu.

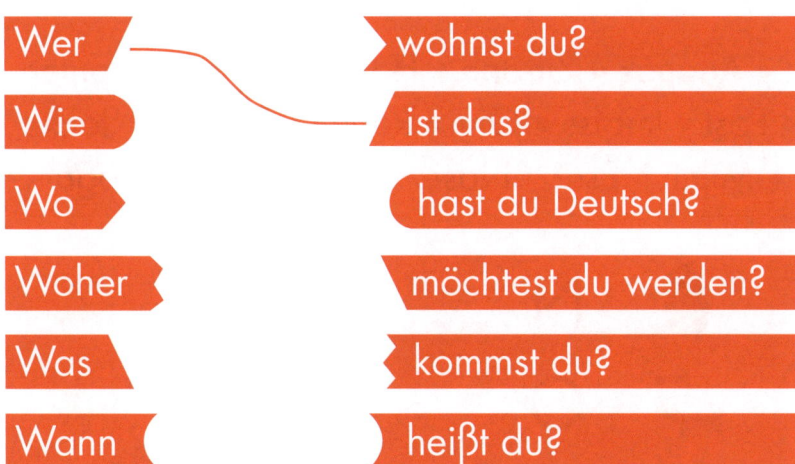

Wer	wohnst du?
Wie	ist das?
Wo	hast du Deutsch?
Woher	möchtest du werden?
Was	kommst du?
Wann	heißt du?

11 b | Schreibt Fragen und Antworten.

Wer ist das? Das ist …

12 | Fragewort-Würfel. Fragt und antwortet.

Wo wohnst du?

Ich wohne in Frankfurt.

Wo wohnen Sie?

13 | Sucht im Buch nach Fragesätzen. Schreibt.

Wie geht es dir?

1 | Was seht ihr? Sprecht.

Wie geht es dir?

Schon fertig?
Beschriftet das Bild auf Seite 133.

14 | Lest und schreibt. 📖 ✏️

Dose • Geld • Kuchen • Ananas • Zitrone • Hotel • Uhr • Computer
Qualle • Wind • Bett • Post • Imbiss • Ohr • Regen • Tomate • Jacke
Foto • Lampe • Sofa • Milch • Esel • Nase • Taxi • Vogel • Yoga

A _Ananas_

B

C

D

E

F

G

H

I

J

K

L

M

N

O

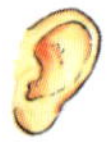

P

Q

R

S

T

U

V

W

X

Y

Z

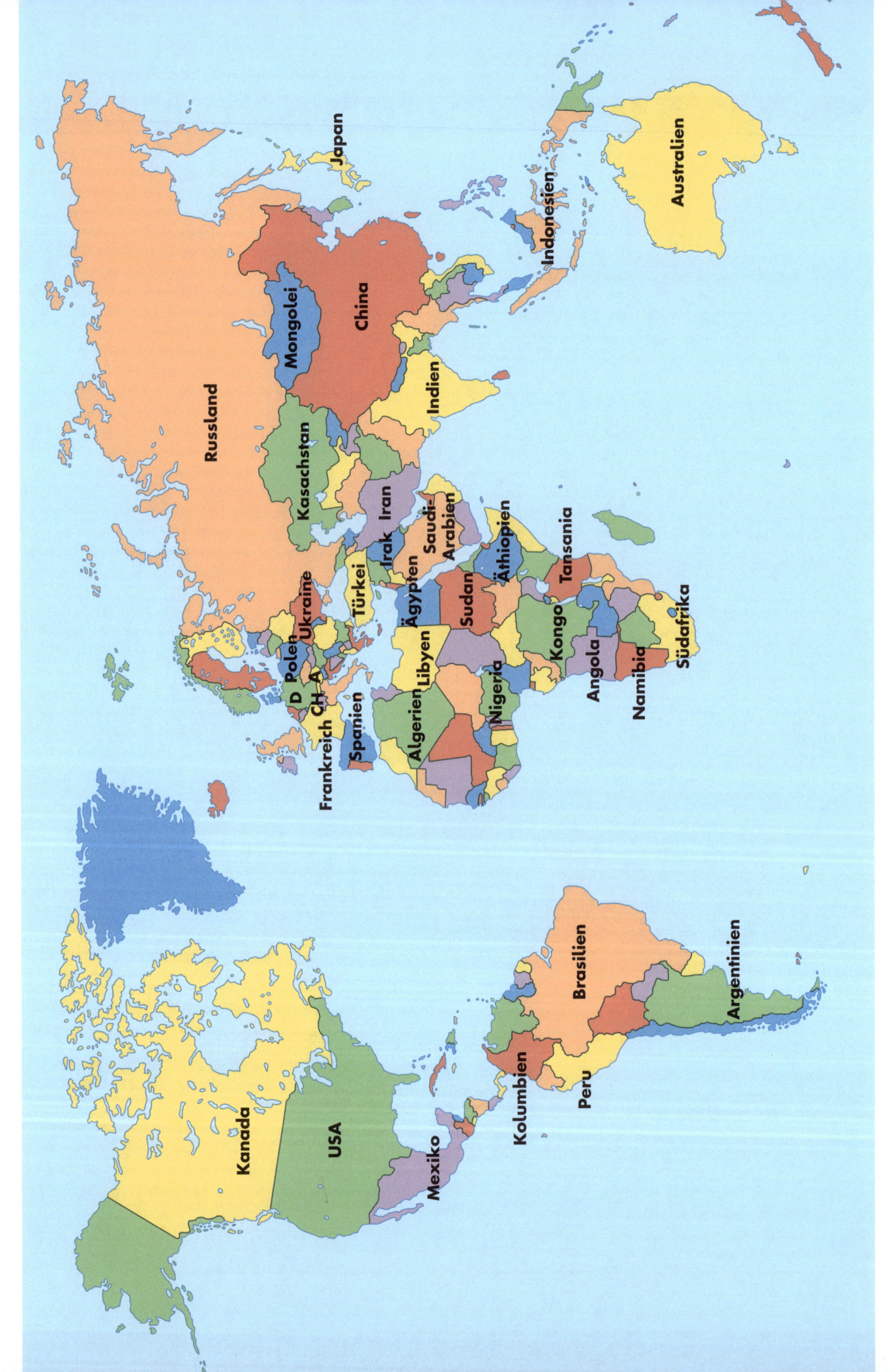